何飞鹏的**创业私房学**

自慢 II

何飞鹏 ○ 著

以身相殉

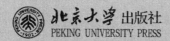
北京大学出版社
PEKING UNIVERSITY PRESS

北京市版权局著作权合同登记图字：01-2009-5089

图书在版编目（CIP）数据

自慢Ⅱ：以身相殉/何飞鹏著. —北京：北京大学出版社，2009.11

ISBN 978-7-301-05764-3

Ⅰ.自… Ⅱ.何… Ⅲ.成功心理学—通俗读物 Ⅳ.F848.4-49

中国版本图书馆 CIP 数据核字（2009）第 175296 号

原出版物名：自慢Ⅲ《以身相殉：何飞鹏的创业私房学》
中文简体字版©2009 北京大学出版社
本书经何飞鹏授权，
同意经由北京大学出版社出版中文简体字版本。
非经书面同意，不得以任何形式任意复制、转载。

书　　　名：	自慢Ⅱ：以身相殉
著作责任者：	何飞鹏　著
责 任 编 辑：	董淑娟
标 准 书 号：	ISBN 978-7-301-05764-3/F·0535
出 版 发 行：	北京大学出版社
地　　　址：	北京市海淀区中关村成府路 205 号　100871
网　　　址：	http://www.pup.cn
电　　　话：	邮购部 62752015　发行部 62750672
	编辑部 82893506　出版部 62754962
电 子 邮 箱：	tbcbooks@vip.163.com
印　刷　者：	北京楠萍印刷有限公司
经　销　者：	新华书店
	787 毫米×1092 毫米　16 开本　14.25 印张　203 千字
	2009 年 11 月第 1 版第 1 次印刷
定　　　价：	32.00 元

未经许可，不得以任何方式复制或抄袭本书之部分或全部内容。
版权所有，侵权必究
举报电话：010-62752024　电子邮箱：fd@pup.pku.edu.cn

自慢：形容自己最拿手、最有把握、最专长的事。自己的拿手与在行，是不是比别人更好，其实不知道，但绝对是自己最自信、最有把握的事。

封面说明

2003年，大女儿宛芳从美国密歇根州立大学毕业，我们全家一起同游美国，在密歇根半岛最北边搭乘渡船，前往Mickinac岛，虽然已是5月底，但寒风凛冽，阳光普照。

小女儿宛芝在渡船上替我留下了这张照片，这是我少数个性鲜明的表情之一。

为何选择这张照片作为封面？因为创业家本来就是要对社会做出"创造性的破坏"，一定要性格鲜明，特立独行。要有"虽千万人，吾往矣"的勇气，这张照片的神韵，与创业家的情境吻合，故选用之。

何飞鹏/文

目录

- 推荐序　创业者言
  ——兼序《自慢Ⅱ：以身相殉》/詹宏志 /7
- 自序1　人生快意走一回——我为什么永远都在创业？/11
- 自序2　百年一遇，英雄良机 /15
- 自序3　创业家是救世主 /17

Part 1　我的创业故事

我一辈子都迷恋创业，
原来我身上流着的是父亲创业的血液。

1　天真的创业游戏 /3
源于父亲的创业基因 /3
何家的创业"家家酒"——合家欢青年商店 /8
媒体新玩具——《阳明山周刊》/15

2　准备与陷落 /20
拿别人薪水，学创业本事——全心当记者，看尽商场百态 /20
深陷地狱门——创办台湾《商业周刊》/27

3 拔出石中剑 /38

上市三天就成功——计算机家庭杂志集团 /38

中文出版王国梦——城邦出版集团 /46

4 把爱传出去 /56

几个投资及辅导创业经验 /56

Part 2 创业十三律

正确、效率、节省成本、有效解决问题，
这些都是老板的老板，
创业者所有的决策都不能违背这些原则，
不能为所欲为。

1 创业第一律：以身相殉律 /61

以身相殉的创业家精神 /62

成王败寇自己来 /66

2 创业第二律：不自由律 /69

没有自由的人 /70

3 创业第三律：挑战不足律 /73

创业从不足开始 /74

4 创业第四律：态度至上律 /77

创业第一天就预约成功 /78

测试人生的极端值 /80

5 创业第五律：一人决胜律 /83

老板的唯我定律 /84

红尘浪里,千山独行 /86

就只责怪我一人 /88

6 创业第六律：团队极小化律 /90

团队极小化律 /91

7 创业第七律：立即赚钱律 /94

开门第一天就赚钱 /95

问题不要留到明天 /97

8 创业第八律：最后一元律 /100

最后一块钱 /101

9 创业第九律：欲求不满律 /103

创业从愤怒开始 /104

"五斗米"的背后——信仰 /106

10 创业第十律：创新律 /109

创业、创新与创业精神 /110

寻找不一样——创新的简单概念 /112

11 创业第十一律：焦点突破律 /114

集中全力做一件事 /115

掌握关键成功因素 /117

抢占制高点——创业实战策略 /119

12 创业第十二律：摸石过河律 /121

没有剧本的演员 /122

老板要先自己走出路来 /124

13 创业第十三律：坚持律 /127
　　老天捉弄可怜人 /128
　　没日没夜过两年 /130
　　整军备战之心，永不停息 /132
　　时间在谁手上？/134

Part 3 创业私房心法

每个创业者都急着学方法、学成功秘诀，
但时空环境不同，方法就未必有效，
真正可学的是创业心法。

1 创业准备 /139
　　创业性格自我检查表——创业九宫格 /140
　　创业核心三要素：人、钱、方法 /142
　　创业从打工开始 /144
　　天生创业家的秘密 /146
　　想成功还是想失败？——乐观与审慎 /148
　　关键的课程，不能教，只能学！——自己找答案 /150
　　数十年如一日——谈创业者的自我控制 /152
　　柔软是创业的必修课 /154
　　没有压力的巨人 /156

2 创业执行 /159
　　孤寂是生涯的必修课——创业者的专注力 /160
　　摸黑找答案——创业者解决问题的能力 /162
　　"好警察"与"坏警察"——创业者的自我制衡方法 /164
　　你多久没提笔了？——创业者思考沉淀的方法 /166

小数迷糊,大数清楚——创业者财务敏感度的训练 /168
一个问题,你的答案——创业者培养自信的方法 /170
用望远镜看未来——创业者必要的策略校准 /172
对的人的力量——创业者找人的原则 /174
百分之百的信赖——创业者如何激发团队潜能 /176

3 创业误区 /179

钞票的颜色——创业者不应被政治绑架 /180
不到黄河心不死——创业者不可错失急救机会 /182
山穷水尽才悔悟——创业者不可执迷不悟 /184
许文龙的内心世界——创业者不可以私害公 /186
用快捷方式、抄近路、发横财——创业者不可心存投机,赚快钱 /188
徒有关系也枉然——创业者关系可用,但不可依赖 /190
花未全开月未圆——创业者的戒慎恐惧 /192
敬天、谨事、畏人——创业成功之后,如何持盈保泰 /194
金钱是什么?——创业成功之后对财富的认知 /196

Part 4 最后的告诫

创业是一条精彩的人生道路,
高潮起伏,快意恩仇,让人不虚此生。
但创业也有许多魔鬼,藏在风光亮丽的背后,
我不想告诉你,但不能不说……

不想告诉你的真相 /201

推荐序 Preface

创业者言
——兼序《自慢Ⅱ：以身相殉》

在我出版生涯的中期，我曾经说过："我宁愿一年写12本书，也不愿意办一本杂志。"这句话并不是故作惊人之语，而是有真实的人生体会。

在此之前，我担任过一家畅销周刊的总编辑，我对"周刊"（或任何定期出版的刊物）伴随而来的"作息"，有一种刻骨铭心的感受。周刊是一种快节奏的编辑工作，我们的作息大体上是环绕着每周出刊的"周期"进行的，生活如此，思考也是如此。后来我脱离周刊之后，惊觉工作周期对人生的影响，心生恐惧，因此有了上述的惊人之语。

除了说过不办杂志之外，我也说过自己"不创业"，还半开玩笑地说："做老板最大的麻烦是不能辞职。"我说的玩笑话其实也是肺腑之言，如果我们自认自己是有本事的人，不怕失业，工作如果不合，自然可以挂冠而去。但创业者是"自作孽，不可活"，没有拂袖而去的潇洒可用了。

但上面言之凿凿的两句话，在1996年都食言了，那年2月，我参与了一个事业的创办，而那个事业是一本杂志。

熟悉后来故事的人都知道，我指的这本杂志就是《PC home》

（《计算机家庭》），而我也因为这一次的创业，引发了后来一连串的创业，也经历了一场像"三温暖"① 般，点滴在心头的人生体验。而促成我这个人生重大转变的，就是本书的作者何飞鹏。

全世界都错了，才值得创业

1995年，我已经"快乐地"失业在家有一阵子了。我颇享受自己的失业生活，一方面我有较多的时间去学习我很想学习的东西，在那次辞职后的生活里，我有机会去学意大利菜、日语以及游泳，都是我想了很久却找不到时间的项目；另一方面，我也不愁吃穿日用，因为我手头上还能接到一些出版同业的案子，供我不求奢华的生活是够用了。

可是有一天，门铃响了，开门一看，老友何飞鹏站在门口（他那一边的故事，请参看本书第一部分第三章）。他要来商量、讨论出版一本"家用计算机"杂志的可行性。我在离开原来的出版职位时，最后一件差事正好是争取比尔·盖茨的新书《未来之路》（*The Road Ahead*）的版权，我因此读了一点书，知晓计算机即将带来巨变，内心有一些冲击与想象。一如往常，我对提出题目的朋友总是大放厥词，言无不尽，我对何飞鹏说："现在，办这样一本杂志，只会错在太早，不会错在太迟。"

受了我的激励，这位人称"永远的何社长"、我朋友当中真正"行动派"的何飞鹏，走出我的家门，不到一周就募足了资金。我虽然在一旁敲边鼓，但并不知道"大祸临头"，不知道这件工作最后会落到我的头上，成为我自食其言的起点。

回想起来，刺激我跳下来参与工作的不只是何飞鹏的"精心陷害"，而是

---

① "三温暖"，指桑拿（Sauna），一种利用蒸汽排汗的沐浴方式，起源于芬兰。传统的芬兰桑拿，房中靠墙建有三阶木榻，每阶的温度都不一样，适合不同体质的人。——编者注

源于一种"全世界都错了"的 VISION。正当我、何飞鹏,以及后来的李宏麟,讨论着这项工作的意义与可能性时,我们脑海中逐渐形成了一种"想象景观";而当我们出外讨教、咨询时,得到的意见和看法未必一致;但想象景观已经成形,我们多么希望能够付诸实现,这就是创业的动机了。

到今天我还持同样的看法,你一定要强烈地觉得"全世界都错了",才值得去创业。创业,是因为你有一个想法,渴望得到验证。你不能只因为追求财富或追求成就去创业,那些力量都不够,不足以让你渡过一切艰难险阻。而这也几乎就和何飞鹏在书中提到的"以身相殉律",完全一致。

创业是一点到全面的历程

创业的起点只是一种"起心动念",但踏进创业世界就是"一点到全面"的历程了。很少人是准备好所有的本事才开始创业的,事实上,创业所需要的"技能组合"(skill set)颇为复杂,你当然要熟知某种知识领域,譬如办杂志的人总要熟悉杂志;你还需要经营企业的某些基本功,譬如领导呀,管理呀,财务呀,少了一项都有可能成为某种罩门。你可能是因为"一点"而进入创业之门,但终极的你必须把自己变成"全面"的通才管理者,为的也是较好的企业发展机会。也就是说,创业要我们从"会一件事到会所有的事"。

创业一开始是一种"见解",但之后就是试炼、坚忍、坚持了。

创业,有时候顺利,有时候不是。或者一开始顺利,然后就遇见急流,甚至我们还可以哲学一点地说:"成功,只是通往下一个失败的过程。"你一定和某种挫折、失败,或者痛苦折磨为伍;但你有进无退,你必须持续努力,即所谓"built to last",事业的生命甚至应该超过你,当你离开了,事业还持续。

创业以后的我,生命轨迹当然是不同了,我也说不出是幸运,还是应该悔恨。但创业之后,事业本身风云诡谲,我的确是大开了眼界,经历了人生不曾预见的波澜壮阔,我是不该抱怨的。但如果我能够给后来的创业者提供一

点意见,我会说:"创业要趁早。"因为事业本身有很多转折,有时候要有足够的时间才看得到。我也会说:"要选择值得做的事。"最后我想提醒你:"要大胆勇敢,也要戒慎恐惧。"

最后最后,如果你不想创业,不要认识何飞鹏;如果你想要躲避创业的风险,千万不要打开这本书。

PChome Online(网络家庭)董事长　詹宏志

詹宏志

1956年出生,台湾南投人,台湾大学经济系毕业。

PChome Online网络家庭国际信息股份有限公司董事长,也是计算机家庭出版集团和城邦出版集团创办人之一。拥有超过30年媒体工作经验,曾策划或编辑超过千种书刊,创办《计算机家庭》、《数字时代》等超过40种杂志。

詹宏志是台湾著名作家、评论家、电影人与出版人,并以其创意和对文化及网络趋势与社会经济问题的精辟见解而备受尊重,出版了《两种文学心灵》、《趋势索隐》、《创意人》、《阅读的反叛》等多部著作,策划和监制了《悲情城市》、《戏梦人生》、《牯岭街少年杀人事件》等电影。

人生快意走一回
——我为什么永远都在创业？

这一生，我不是正在创业，就是在准备创业中。

这一生，我从未拥有过很多钱，但钱总是在山穷水尽之际出现，在心灵中，我没有缺过钱。

这一生，我没有伟大的功业，但我没有看过任何人的脸色，我说我想说的话，做我想做的事。

这一生，我没能改变世界，但世界总是按照我所想象的方向，缓缓前进。

这一生，按世俗的眼光，我没有令人羡慕的成就，但我照自己的意思，快意潇洒地过日子，我哭过、苦过、乐过，我活出我自己，我用最平凡的方式，活出我自认为不平凡的一生。

这一切，都是因为我选择做我自己人生的庄家，我不愿变成别人的附属，我宁可自己变，也不愿被别人改变。

这一切，都是因为我选择创业，选择用我自己的意思，营造我想要的环境，创业让我的人生快意走一回。

这就是规则，你可以创业，创业代表你准备在世界上营造你自己的王国，营造你自己的律法，营造你自己想要的一生。

这就是我一辈子持续不断创业的原因。

过程的趣味重于结果的已知

虽然大部分的时间我都在帮别人打工,帮老板做事,但我知道,一旦我准备好,一旦我看到机会,我就会拔剑而起,走我自己的路,用创业营造我想要的未来。

我不确定创业一定会成功,但我很确定我不想要从开始就知道结局的人生,领一份固定的薪水,安稳地过一辈子,我不要这种平淡无趣的人生。而创业充满未知,就算失败也是一种有趣的未知,我宁愿用有限的生命,探索变化莫测的未知,用每一分、每一秒的未知,来丰富我的一生。

这是一种选择,没有对错,只要你和我一样,重视的是过程的趣味,而不是结果的已知,创业就是你的最佳选择。

我也不想在金钱的限制下过一生:我不想只在杂志上欣赏人间美味,我也不想只在电视上环游世界,我更不想遇到自己喜欢的事物,却因囊中羞涩而只能摇头叹息,创业就是让金钱向你臣服的方法。

当然创业也未必成功,你也未必能彻底驯服金钱,但我不想这一生连驯服金钱的勇气都没有,好歹也要试一下。

我讨厌老板,我更讨厌其貌不扬、言语乏味、才德不足的老板,只因为他曾经放手赌了一把,从此变成你要虚与委蛇的老板,如果这样的人都可以当老板,那你为什么不自己试一下?

我喜欢自由,我想用自己的方式过生活,但偏偏按照社会规则,金钱是计算自由的单位,缺少金钱就少了自由,我不能容忍失去自由,所以我选择创业。

不创业不代表零风险

虽然我也讨厌风险,我更知道创业充满风险,但问题是不创业就没有风险吗？21世纪的规则是你安安分分地打工一辈子，临老时被最赚钱、最安稳的公司裁员，然后一生的保守谨慎，全数归零；或者是一生的积蓄存在最安全的银行，但银行倒闭。

现在我很庆幸，我没有逃避风险、选择安定，当现在全世界处于不安定时，我用自己的方式冒险，没有让别人来决定我的一生。

最后，我想说，我创业始终没有成功，因为离郭台铭、王永庆的境界我还远得很，但这一生，我拥有自由；我，人生快意走一回。

自序 2 Preface

百年一遇，英雄良机

有人说，2008年是百年一遇的经济危机，有甚于1929年，所有的人都愁云惨雾，惶惶不可终日。

我倒有不同的看法，这是百年一遇的英雄良机，是创造英雄的绝佳舞台，真正的英雄会在这一波乘势而起，如果这时候你看到的是机会，那你有可能成为真正的创业家、真正的新英雄。

有一个最好的案例：香港首富李嘉诚在20世纪70年代时，掌握了英资撤港的机会，以小股东之姿，吞下和记黄埔大鲸鱼，成就了香港首富的地位，这就是在危机中英雄出头的最佳故事。

当年的李嘉诚只有一家规模不大的小建设公司——长江实业，在香港风雨飘摇之时，李嘉诚也一度悲观，考虑撤出香港。但眼见英资要么迁册（总部移出香港），要么撤资，香港空出了舞台。最后李嘉诚决定反其道而行，加码投资香港，从汇丰银行手中买下和记黄埔的股票，进而取得和黄的经营权。当时和黄的规模数倍于李嘉诚所拥有的长江实业，被称为小虾米吞下大鲸鱼的案例。

不过李嘉诚发挥了英雄本色，他把和黄资产活化，并用高效率的管理，让大鲸鱼像海豚一样跳舞。后来的20年，和黄倍数成长，再加上整个集团的整合综效，李嘉诚跻身世界富豪，而和黄一役就是英雄出头的关键。在香港动乱中，李嘉诚看到机会，在百年一遇

的危机中，成就了英雄事业。

危机年代等待新创业英雄

在危机中才拥有最大的机会，要不是金融海啸，你会看到AIG（美国国际集团）、花旗银行倒下吗？而他们不出事，小金融家有什么机会？要不是金融海啸引起经济萧条，你能想象通用、福特会倒下吗？他们不倒下，小汽车厂有何机会出头？

所以这时候，拥有资源及筹码的人，应该看到千载难逢的良机，而不是和大家一样悲观、彷徨、保守！

什么人是拥有资源和筹码的人？其一是过去认真努力经营，而跻身二线的公司，且手上拥有现金、资产殷实、未被金融风暴波及。这时候该放手一搏，也是你一举成为龙头老大的机会。

另一个拥有资源和筹码的人，是手中一无所有的人。你反正一无所有，而这时候的人类社会系统崩坏、秩序解体、规则重写。当所有的行业都大风吹时，正是进场抢位的最佳时候，也是创业者的最佳机会。所有的人都在等待新创业英雄，重塑企业新规则。

不要人云亦云地说悲剧、说保守、说保留现金，说20年后才会复苏！仔细检视一下：你是不是那个被领先企业压得喘不过气来的二线经营者，但手上累积了筹码，而且受伤不重？

或者你是那个一直想创业但不敢下手的人，记住，这是百年一遇的英雄良机，这个世界正等待你重建规则、重建秩序！

创业家是救世主

当全世界都陷在愁云惨雾中，什么可以让世界重现曙光？

现在人类遭遇的困境，是制度及系统解体的危机，过去几世纪以来，人类建立的资本主义经济世界，被华尔街贪婪、罪恶的投机银行家，用虚拟、复杂、不负责任的泡沫金融商品彻底摧毁。当我们想拯救残破的经济体系时，发觉所有传统的工具都不够用，这才惊觉我们几乎一无所有，只剩残破的废墟！

这时候我们不能再指望原来体系内的人，因为他们习惯于既成的系统、传统的规划，在舒适圈中舒服惯了的人怎能启动改革？

这时候我们需要的是对现况不满的破坏性创业家，他们对现存体系不满，他们想改变，他们没有包袱，他们对未知充满兴趣，他们愿意用生命赌明天，可是他们现在可能一无所有，有的只是对未来的向往。

这就是我们现在面临的危难，资源在既有经济体系内的人手上，可是他们保守畏惧，不想改变，而值得期待的人，却需从零开始，一无所有！

这不公平吗？不！世界的改变都是如此，每一个时代的人类，都是由一无所有的创业家启动改革。空手对抗武力强大的敌人，一直就是创业家的宿命。

反而这是创业家的最好时机,因为所有的人都在废墟上暂时停止呼吸,等待救援、等待改变,创业家的任何行动都会变成令人瞩目的焦点,有机会最快得到掌声,在经济活力的空窗期,就算很小的作为,都会被放大看待。

所以这是千载难逢的创业良机,而创业家就是经济废墟上的救世主。

而谁会是成为救世主的创业家呢?新创事业启动人生冒险之旅的,当然是创业家,但如果在工作上启动创新作为,具有创业家精神的工作者,也会是救世主创业家。只是工作者救的是自己所服务的公司,救的是自己的工作机会,救的是濒临裁员的同事,每个人这时候都有机会扮演救世主创业家。

不满和愤怒,是创业家的动力来源;改变和行动则是创业家的行为准则;观望和害怕是创业家的杀手;勇往直前和奋力一搏,则是创业家的心理特质。认清世界的现况:舒适圈已被摧毁,停在原地只会每况愈下,步向安乐死,我们要倒数计时,等待死亡吗?

当然不,我们反而该感谢摧毁经济体系的华尔街投机家,他们让我们一无所有,让这个世界必须重新来过,让所有的人必须重拾创业家精神,回到蛮荒之地,重塑新规则。

在这个时候,如果你的男(女)朋友,告诉你要创业,请不要告诉他,你希望安定;如果你的小孩,告诉你要创业,请不要告诉他,父母要靠他照顾;如果你的先生(太太)要创业,请不要告诉他,你们的孩子还小;如果你是老师,学生请教你创业,请不要告诉他,创业有多危险……

因为创业家是这个世界的救世主,个人的创业可能会失败,但启动的创业风潮,会让世界重现曙光,会让人类重回安定,创业家为人类的文明,赌上了自己!

Part 1

我的创业故事

我一辈子都迷恋创业，
原来我身上流着的是父亲创业的血液。

① 天真的创业游戏

我一辈子都迷恋创业，却不知道原因何在，一直到2007年母亲离我而去，为了制作一本母亲的纪念集，仔细回顾了妈妈与我的点点滴滴，也兼及了那几乎完全没有印象的父亲，我才赫然惊觉，原来父亲和我一样，一辈子都在冒险，都在玩创业游戏，我身上流着的是父亲创业的血液，我的创业基因其来有自。

源于父亲的创业基因

父亲在我6岁时就离我而去，所以我对父亲完全没有具体的印象。对父亲的一生，只有许多偶然留下的片段，完全连不起清楚的全貌，但在这些片段中，我已经可以确定父亲一生充满了比我还疯狂的创业冒险，以及令人惊叹的曲折起落，在他一生的最后，更用令人窒息的方式结束，留给我们无限的哀伤与叹息。

> **创业陷阱**
> 创业者需要具备特殊的创业性格，冒险、好奇、坚毅、挑战，都是创业性格的特征。不具备创业性格的创业者，要透过学习培养创业性格，创业前请先自我探索，确认自己的人格特质。

从小妈妈就告诉我（在父亲走了之后，她独力辛苦地抚养我们8个兄弟姐妹），这世界很公平，上半生她过了最奢华的少奶奶生活，现在辛苦求活是应该的。

南京城内的流金岁月

妈妈口中的少奶奶生活，因为父亲的生意风生水起。在那个年代，我家就有奔驰汽车、佣人无数，在南京，来自台湾的何二老板（父亲是老三，为何被称为二老板，我没来得及问妈妈）豪迈大方，乐善好施，是南京城最知名的商人之一。

> **创业陷阱**
>
> 柔软度高，适应力强，乐于与人相处、分享，是创业者另一个重要特质。如果只会守住财富，各啬小气，就成不了大格局。

那是在八年抗战期间。我父母都是地道的台湾人，当时在日本人的统治之下。当日本人占据南京之后，父亲就远渡海峡到大陆做生意，那时有许多台湾人都做了类似的事，所以南京成了许多台湾商人的梦想之地。

父亲做什么生意，我没来得及向妈妈问清楚，仅记得些许的片段：妈妈说当时父亲做的是民生必需品的生意，南京附近的溧水县全县的柴米油盐等日常必需品，全数由我父亲供应，那是战时，战时的垄断生意可能比一般的生意相对容易些。

总之，父亲在南京赚了许多钱，而母亲在第二年也赶到南京与父亲会合，在年轻、潇洒、多金的父亲身边，就近监督看来是必要的，而那8年，可能也是父母亲一辈子最风光、最快乐的8年。我的3个姐姐都是在南京出生，我虽无缘跟上，但从小家中留下来的各种物品、照片，点点滴滴都见证了当年父母的流金岁月。

家中抽屉里多的是"中中交农"（中央银行、中国银行、交通银行、农民银行）四大银行的旧钞券，那是物价飞涨的年代，家中有许多百万元的钞券，至于龙银等旧币，家中更是不计其数。

家中还有一块犀牛角，小时候有一个拳头大，那是发高烧时的退烧圣品，用个陶钵和水磨成乳白色的犀牛角水，是我感冒时常用的药方。这块犀牛角及陶钵在天母全村中流传，妈妈从不吝惜这贵重药品，"救人是好事"，当我长大时，这犀牛角已经用剩到不能用的肥皂大小。

从小我对南京的风景名胜牢记在心，因为家中有无数的照片为证，中山陵、明孝陵、玄武湖、莫愁湖、雨花台等，大姐、二姐、爸爸和妈妈都出现在照片中，我们一直羡慕大姐曾游遍了南京这历史名城的所有景点。

几年前，为了寻根，我们全家组了一个旅游团到南京，除了走遍南京的景点外，更重要的是到"游府西街"——当年父母住的地方去看一看，只是游府西街已变成南京的闹市区，商店林立，大姐也完全无法回溯儿时的情景。

父母亲的富豪时光随抗战而结束，国民政府接收南京，秩序大乱，父母亲仓皇逃回台湾，所有的财产都留在南京，未能及时带回。

▎一连串创业冒险的开始

爸妈逃回台湾的故事和电视剧一样精彩。当时爸妈要从下关码头坐船回台，一切财产行李都已打包妥当，前一天晚上，南京的乞丐头子（黑帮组织）到家中来报信："二老板，全南京的人都知道你明天要回台湾，从你家出门到下关码头，起码有5票人要抢你，你的家丁们保护不了你，你最好不要与车队同行，以免危险。"由于有他的警告，爸妈与3位姐姐才能够活着回台湾。

黑帮头子为何会通风报信？妈妈说："爸爸为人仗义，对南京下层人非常照顾，所以他们非常感念父亲。"

> **创业陷阱**
> 财富是一种原罪，创业有成，有了财富之后，要更加谦虚，更加包容，尤其不能得罪辛苦人与穷人，否则会有报应。

爸妈在半夜3点带着3个姐姐，先行离家潜赴下关码头，而车队在早晨才上路，在码头，爸妈没等到行李，只等到车队被抢，家丁们死的死、伤的伤的消息。

父亲在南京的创业冒险，用最令人惊叹的剧情结束，也开启了父亲回台湾之后的一连串创业冒险。

回台后，父亲用先前寄回台湾的一些钱，不断地想再创南京的风光，爸爸先在台北市后车站太原路上开五金行，半夜回家，父亲会先到圆环买煮好的鱼翅给妈妈和姐姐分享，至今大姐对父亲的鱼翅仍充满怀念，在这段刚回台的生活里，我家还有富豪的影子。

后来父亲还做了货运行及出租车的生意，这在当时的台湾都算开风气之先。父亲仍忘不了回大陆做生意，因此包下老家天母（天母产桶柑）整山的橘子园，雇人采收、包装，再运到南京、上海销售。

回台后的短短几年，父亲尝试了无数生意，但也赔光了所有积蓄，当时百业不兴的台湾，父亲的生意眼光无用武之地，我们何家风光的日子从此不再。

> **创业陷阱**
>
> 创业不能与环境为敌，当外界环境不佳时，要能忍耐、要能保守，不可在环境不佳时，勉强启动生意，父亲急着复制南京的经验，在当时的台湾是行不通的。

接下来，父亲的生命以令人窒息的情节收场。

父亲的最后时光，变成公交车司机，用上了他在最风光时学会的开车技能，为了抚养8个小孩，他夜晚还在天母的外侨小区兼职守卫。当时的天母外侨众多，为了维护安全，外侨小区警卫森严，父亲白天开车夜晚还要熬夜。

有一天晚上，父亲守卫的外侨小区发生窃案，这在当时的天母是件极为严重的事，因为政府对于外侨的安全极为重视，警察被要求限期破案，不幸的是，窃案发生当晚正好是父亲值的班。

天母的巡官找父亲问话，虽问不出名堂，但急着破案的巡官找来一只鞋子，说是在外侨小区的现场找到的，应该是作案的小偷所遗留，巡官要父亲试穿，又暗示说这鞋子是公交车驾驶员习惯穿着的式样。

巡官的指涉不言而喻，爱惜羽毛的父亲一辈子没受过如此奇耻大辱，在隔天晚上，又轮到他守夜，就在外侨小区的一棵大树上，上吊自杀以明志。

在当时的天母，这是惊动全村的事，村民们群情激愤，每个人都知道父亲热心、正直，虽境况落魄，绝不至于如此不堪，而父亲留下的绝笔书，也说明了他的愤怒与绝望！

这件事差一点变成台湾人和外省人的纠纷，乡亲们解释成一个外省巡官欺负善良老实的台湾人，把人逼得自杀。

> **创业陷阱**
> 上天欺负可怜人，屋漏偏逢连夜雨，在处境艰难时，更要小心谨慎。创业失手时，所有的厄运可能连续降临，创业者要有心理准备，不可想不开。

最后警察道歉，平息了父亲的冤屈，但留下我们8个小孩，伴随母亲一起度过艰苦的成长岁月。

父亲一生勇敢冒险，高潮迭起，这些故事都是在2007年母亲过世时，我们兄弟姐妹一点一滴拼凑起来的剧情，我终于知晓，原来我的创业精神来自父亲，我的身上流着父亲冒险的血液，而我也以父亲为荣。

我这一生所有的努力，其实都只在"无愧于所出"，希望不要辱我父母一生的教诲。在我家的祖先牌位中，供着8个字：孝悌忠信，礼义廉耻。这是我家人一生的信仰，父亲用生命维护他的声名，我更用我一生的行为，维护何家的教养。

何家的创业"家家酒"——合家欢青年商店

我的创业冒险,从很年轻就开始,而且源于台湾社会的变迁。

我在台湾政治大学念书的时候,台湾的"农复会"(台湾"农委会"的前身,负责台湾农业的推广)为了改善传统市场的脏乱,强化生鲜蔬菜、肉品的销售,提出了构建新渠道的计划,要在小区中推广建立小型超市,并结合了"青辅会"的力量,对有意创业的青年提供协助,这计划被称为"青年商店",也是20世纪70年代初期,台湾市场掀起的第一次渠道革命。

说是我创业,不如说是我家兄弟姐妹的一次集体创业行动。首先被这个机会吸引的应该是我的二姐和二姐夫,他们在家族聚会时提出创办"青年商店"的构想,很快获得大家的认可并立即展开行动。

创业陷阱

创业是重大的事,要深思熟虑而行动,绝对不可以冲动,尤其不应该是一群人集体的一时兴起,许多人一起投资一个案子,大家的情绪互相感染,每个人都以为别人已经彻底想透,也都以为别人可以负责,而事实是没有人想清楚,也没有人负责,创业的集体行为很可怕。

创业的方法也很简单,大家有力出力,有钱出钱,创业的几百万资金全是几个姐姐、姐夫凑起来的,开店的地点在大姐夫位于天母兰雅,靠近大叶高岛屋百货附近的公寓一楼,用了两个店面,而创业者是我,因为申请青年商店的条件要年轻与学历,所以我变成出名申请的创业者。

印象中,青年商店像变魔术一样,很容易就开张了,我只参与了其中几项工作:向主管机关填写开设申请,参与采购冷藏柜、货架,协助店面规划进货,以及取了一个店名——"合家欢青年商店"。

> **创业陷阱**
> 创业绝不可以迁就现实。尤其经营零售业，地点可能决定成败，当时青年商店的店址，是个没开发完成的社区，是不适合开店的。

▌创业前的充分评估

冷藏柜和货架是青年商店最重要的生财设备，之前我完全不知道开设一家店要多少钱，一直到购买冷藏柜时，我才发觉如果要符合主管机关能销售生鲜蔬菜、肉品的要求，需要几台开放式的冷藏柜及冷冻柜，仅此一项竟然要大约200万元新台币，我才猛然觉醒，青年商店总投资金额竟然高达四五百万元新台币，那是一个我当时很难理解的天文数字。

> **创业陷阱**
> 创业之前要有精准的财务试算，对所需的总资金要清楚预估，创业者要事先准备完成。我当时的状况，完全是个外行，对财务没概念，根本不该创业。

我及姐夫们按着主管机关提供的厂商资料，一家家地询价、研究，才发现原来其中有许多的学问，不同的外形、功能、耗电量与价钱，我也不知道如何选择，就被最积极推销的厂商牵着鼻子走，花掉了最大的一笔钱。货架也是如此，虽然我亲自跑去看生产厂商，那是一家位于台北市重庆北路的小工厂，我发觉老板也是在主管机关推动青年商店计划时，才尝试生产货架，心中虽有些担心，但由于这是距离最近的厂商，也就买了他的陈列架。

在自己开了店，也参观了别人开的青年商店之后，我发觉我们所买的这两项设备都不是最好的，还有其他设计更好、功能更好的商品，我竟然未充分比较分析，就做了决定。

> **创业陷阱**
>
> 创业时最重要的投资，可能是生财设备，可能是房屋等，都要仔细比较分析之后，确定价格最优惠，效能最佳，才能下手购买，这可能决定创业的成败。

店面规划则是另一项大学问，由于大姐夫的房子有两个相连的店面，所以我们决定打通中间的隔墙，开家比较大的商店，也因为如此，在动线规划时，煞费苦心。

我决定把店门开在较不明显的店面，而让另一个位置较佳的店面封闭，变成落地窗陈列货品，试图让过往行人能看到丰富的货品而走进店来，进来之后也能走完全店，而最重要的生鲜食品冷藏柜也放在封闭的店面，那是全店最深的位置，以吸引客户。

至于店面的规划、货品陈列，我也凭直觉把货品分成几大类别：生鲜食品、一般杂货与日用品等，分别归类陈列。在开店的头一年，我最常做的事就是改变陈列，搬动货品位置，看能不能达到促销的效果。

存货与销量的迷思

进货是另一项大工程，当市场传出我们要开青年商店时，所有的供货商都自动上门，我每天都会遇到各式各样的供货商：有大公司的营业员，有一般中盘商，也有个别的小个体户，我就像刘姥姥进大观园一般，变成"老板"，每一个想卖东西给你的人，都会想尽办法来取悦你，给你一些建议，当然也会设圈套让你上当。

> **创业陷阱**
>
> 创业者是老板，每个人都会取悦于你，希望从你手中得到好处，创业老板一定要加强心防，绝不可以在被奉承之后就忘乎所以，错下决定。

到现在我还记得当时最惨痛的进货经验，有一家洗衣粉厂商叫"蓝宝"，虽然不是一线品牌，但营业员非常认真，努力推销，他们当时推出了一个超大包装，应该是20公斤像水泥一样的纸包装，而且售价较便宜，进货也有极大的数量折扣，一次进50包一个价钱，进100包再降价，200包又降价。

这位业务员不断称赞我们店的地点好、店面大，开店一定生意好，最适合销售这种大包装的产品，所以鼓励我们一次大量直货，这样可以有很大的进货折扣，获利也比较高。

我开始想象产品毛利可以高达3成以上，这是多大的利润呀！当时一般商品的毛利大概16%左右，就是所谓"买10卖12赚2"的标准模式：进货一打12件，零售价就是把进货价除10，卖完10件就收回成本，另外2件卖掉就是净赚。最后我们决定进了不可思议的大量，约略是300包左右，没想到这一批货我们卖了三四年都没有卖完，那真是一大悲剧。

> **创业陷阱**
> 好赚、毛利很高，当然是生意的理想状况。但是好赚的产品，一定要能卖得掉，才是真正的好生意，一般而言好赚的生意背后一定有陷阱，务必想清楚。

▎"合家欢"背后的创业大忌

至于店名，也经过了几次的转折，本来想用地名，取名天母，或者兰雅（当地里名），但都不出色，也考虑用路名——中十二路，是个很怪的路名，也不妥当，本想取个文雅飘逸的名字，但开的是世俗的现代杂货店，也不合适，姐姐们说：你会读书，你去想个好名字。

我脑筋一转，这不是我们一家兄弟姐妹们的创业合作实验吗？我们一起投入、一起工作，这不就是合家欢乐吗？那就叫"合家欢青年商店"好了。

这个名字得到大家一致的认同，也是我第一次创业时得意的事。

只不过这个名字的背后，隐藏了创业的大忌，也注定失败的命运。

> **创业陷阱**
>
> 家族生意是最麻烦的生意，因为每一个参与者除了是生意伙伴之外，还有亲人的身份，很难用是非对错来评断，因此有错很难检讨、改进。在我日后的创业过程中，我不敢再让家人参与。

合家欢青年商店就这样热热闹闹地开张了，这在当时的天母算是新鲜事，对我自己也是极新鲜有趣的事，坐在收银台结账，应付客人，我觉得自己像个掌柜。从厂商进货点货，上架陈列，我就是店员；拿起扫把扫地，拿起抹布擦灰尘，我就是小弟。每到晚上关店门结账，那是最兴奋的事，记得当时一天大概只有六七千元新台币的营业额，可是对我而言已是天文数字，偶尔有一天超过1万元新台币，我几乎要兴奋得大叫，有时候为了达成一个目标，我还会刻意把店开得晚一点，看能不能多做几百块钱的生意。

要有破釜沉舟的决心

我不知不觉赶上了台湾第一波的渠道大革命，传统市场、传统杂货店、百货行正要随着台湾生活的改变，过渡到便利商店、超市、购物中心，而青年商店正是启动第一波革命的过渡模式。它是便利超商的前身，却贩卖生鲜食品，它规模小却五脏俱全，它开在巷弄之间，以开放式陈列，这些都突破了传统。而我就是这第一波的弄潮儿，只不过对还在大学念书的我而言，这只是兼差式的创业，终没能开创出一番事业。

> **创业陷阱**
>
> 创业绝对要破釜沉舟，要以身相殉，兼差式的创业，脚踏两条船的创业，有退路的创业，通常会失败。

前半年的创业时光新鲜快乐，趣味横生，但半年之后，就开始遇到困难。因为每天都收到现金，前3个月的现金都增加，而"月结开两个月支票"的付款方式，使前3个月除了少数的现金支付外，都不需要付款，再加上原来手中就准备了周转金，所以前6个月完全没有资金问题。

半年之后开始感受到资金的压力，一开始是发现手中现金越来越少，最后在每个月的10日、25日的付款日，变成需要借钱周转。

> **创业陷阱**
>
> 资金是创业过程中最重要的筹码，也是最重要的经营指标，每天都要检查资金的变动，而且要根据资金的变动，采取必要的应对措施。必要时还要做较长的财务试算，因为资金要未雨绸缪，不可以等到资金不足时才去张罗。

所谓的借钱周转就是姐姐、姐夫们谁有钱就先跟谁调度，但之后借款周转变成常态，而"合家欢"也变成我们何家共同的灾难。

当时，这家店没有财务报表，只有金钱进出的流水账，知道每天收入多少、每月支出多少，但完全不知道赚多少钱，或赚不赚钱，但从不断周转轧支票，我约略知道是赔钱的。

虽然面临这样危难的处境，我们并没有从最基本的经营面下手检讨，我还一相情愿地认为，如果营业规模扩大，说不定会量变而质变，所以合家欢青年商店还一度扩张，在天母、石牌附近曾经同时开到3家店，可是表面上的热闹，抵不住内部经营不善的实质。

> **创业陷阱**
>
> 当创业发生困难时，真正该做的事，是针对问题彻底检讨、彻底改进，而不是假设一个可能的解决方案，就一相情愿地去执行。一旦解决方案无效，会加速失败。

面对错误是成功的基本态度

其实当时我只要用很简单的财务观念,就可以针对青年商店的营运实况进行检讨,很容易发觉其营运架构是不成立的:

一个店每个月的固定开支约略如下:人员薪资4万元新台币,房租约2万元新台币,其他的杂支约2万~4万元新台币,估计每个月固定支出约8万~10万元新台币。

每月营业额约30万~40万元新台币,商品平均毛利在2~2.5成之间,所以每个月的毛利约7万~10万元新台币。

这样的营运结构,运气好的时候可能单月平衡,可是大多数的月份都要赔钱。

这么简单的财务试算,当时仍在念书的我竟然没有想清楚,还一直在玩开店创业的游戏,当然这也是姐姐、姐夫纵容我的无知,让我在合家欢中尽情挥霍,容我用"挥霍"这两个字,因为那根本是不计损益的生意,只能是个家庭创业的"家家酒",完全是个错误的过程,花了很多钱犯了很多错,但我从没被检讨,更没被处罚。

所幸,我因为还在念书,后来当兵入伍,当然就和这家青年商店渐行渐远,不再过问青年商店的经营。

不过这家店存活了非常长的时间,后来变成家族中其他成员接手,但是前面所描述的困难似乎一直都没改变,这家店我们投入了数不清的金钱,还有许多人的青春,问题是我们没学到教训,现在写出这段历程,算是我个人的检讨与忏悔吧!

> **创业陷阱**
>
> 创业一定会犯错,犯错不可耻,但犯错一定要检讨,要学到教训。没有检讨,没得到教训的错误,才是最可怕的创业杀手。许多创业者失败时,只会怪罪别人,不敢承认是自己的错,这种人永远不能成功。

许多年后，这家店直接转租给某一家超市，从他们的营运看来，应该有不错的成果，这证明了我们完全是不专业的经营，最后当然是一场悲剧。

媒体新玩具——《阳明山周刊》

我的第一次创业游戏"合家欢青年商店"在不明就里中画下休止符，但我并没有就此停止创业的想象，在我预官退伍之后，成为台湾中时报业新创刊的台湾《工商时报》的记者，这时候我又找到另一个新玩具——小区报纸《阳明山周刊》。

1979年，台湾的"新闻局"为了强化地方小区营造，鼓励每一个乡镇创办小区报纸，因而吸引了无数的媒体工作者，回到自己的家乡创办小区报纸。台湾一时笼罩在地方的小区报纸风潮中，高雄美浓、台中、台北木栅、宜兰等地区，都有小区报纸的出现。

我的老家在台北天母，而天母的周边——士林、北投早期都隶属于阳明山特别行政区，我从小在这个区域里长大，因此在这个地区办一份小区报，又成为我挡不住的诱惑。

> **创业陷阱**
>
> 当局一向是创业的外部环境变因，当局的政策与资源投入，会改变市场、创造需求。但在台湾，主管部门的政策，经常只是空洞的口号，因此在配合主管部门政策采取创业行动时，要注意政策的有效性，否则跟着空洞的口号走，不会有好处。不论是青年商店或社区报，事后证明都是空洞的口号。

我又复制了另一个合家欢的错误经验：第一，这一次我又是跟着主管部门的政策创业，上一次是台湾"农委会"，这一次是台湾"新闻局"；第二，

我又向姐姐和姐夫们募款,我自己没有钱,但宠我的姐姐与姐夫们不忍泼我冷水,又陆续拿出钱来让我创业;第三,我又一次没有全力以赴地创业,上一次我还在大学念书,这一次我还在报社上班,创办《阳明山周刊》还是利用上班之余的创业玩具。

再多的好运都改变不了失败的结果

要新创事业真是容易,有了启动资金,我很快就组成了营运的团队:台湾文化学院(现在的台湾文化大学)就在士林,我很容易在文化学院的新闻系找到许多在读的学生,成为我的工读采访记者,他们年轻,要求不多,便宜好用;我又借着在报社上班的经验,找到一个编辑,成为《阳明山周刊》的后台主编;而我自己则是总经理兼总编辑。有了人要印出一份周刊,当然是水到渠成。

这时候,我又遇到另一个机缘,透过大姐夫的关系,士林的当地企业士林纸业的老板陈朝传先生,听到有人要在士林办小区报纸,非常认同,他很慷慨地免费提供在士林街上的一户公寓,作为《阳明山周刊》的办公室,当时的我觉得真是好运,一切都这么顺利。

> **创业陷阱**
>
> 创业过程中,如果有人拔刀相助,应该感谢,但绝不可以因此而懈怠,因为再多的外在协助,也改变不了自己的无能与无力。《阳明山周刊》就因我自己没准备好,别人的协助也无用。

前几个月,我兴致高昂地做我的总编辑,规划题目,指挥那些工读记者进行采访,写稿改稿,刚刚成为报社记者的我,一下子就变成周刊的老板、总编辑,玩起我的媒体大梦。

记得第一期《阳明山周刊》进行最后的编辑时,我的主编(《工商时报》的兼职同事）在最后组版时，因内容太多，标题放不下，没有用删稿来解决，而是取巧地挤出空间放下标题，以致标题歪歪斜斜不平整，我不满意的指责，令他十分不愉快，觉得我这个老板的架子太大，因而发生争执。最后我只好妥协，息事宁人，这是我第一次感受到老板不好当，人不好管。

> **创业陷阱**
>
> 创业的核心因素是自己全力投入，如果自己没有全力投入，而且所有的工作者也是兼职性质，注定要失败，《阳明山周刊》就是如此。

周刊很快就印出来了，看到第一期的创刊号，我十分兴奋，感觉一个有影响力的媒体就在我手中诞生了。可是当周刊印出来之后，问题也就跟着来了，要给谁看呢？我决定先赠送，可是怎么送出去呢？我动员了工读生在闹市分发，我也想夹报派送，可是夹报又要费用，我心中十分不平，为什么免费送人看，还要赔夹报的工钱？我这才感觉到问题严重，我要如何找到收入应付开支呢？

广告当然是另一个想象，那时候我还在《工商时报》上班，也负责广告业务，理论上我应该发挥此一专长，自己亲力亲为做广告，但是我没有这样做。我训练兼职工读生尝试去做广告，但这件事也一直没有成果，印象中一直到《阳明山周刊》停刊，我们好像只做到几万元的广告，而且好像都是读者看到周刊，自动打电话上门刊登，靠业务能力完成的广告很少。

> **创业陷阱**
>
> 我对广告熟悉，如果当时我能自己做出一些广告，然后再训练团队，也做出广告，这是《阳明山周刊》唯一可能存活的方法，而我自己做不到，当然也不可能有任何人能做到。创业初期，许多事老板一定要自己先证明可行，创业才有可为。

经过了前3个月的创刊兴奋期之后，《阳明山周刊》又变成我的痛苦，

我发觉我没有能力照顾所有的事，于是我又想如果有更好的人才加入，这个刊物可能会起死回生。于是我又从报社找到一位非常有经验的高级主管，他是名记者，来当《阳明山周刊》的总编辑，我还找了一位非常有经验的报纸广告代理商，看看能不能来替周刊做广告。

我在面临困难的时候，又花钱请更高级的人力，尝试改变，不过很快就证明，这又是另一个错误，内容的改善要反应到发行收入的增加，是缓不济急的事，而广告可立即增加收入，但这位代理商来了解状况后，立即就发现不可能有钱赚，人家也就打了退堂鼓，我的变法完全落空。

骆驼背上的最后一根稻草

在面对困难时，我的性格弱点完全暴露，我开始逃避、退却、自我欺骗，我给自己找到了一帖完全不负责任、不可能有效果的药方：努力上班，在《工商时报》多做些广告，多拿些佣金，看能不能多赚点钱，来弥补《阳明山周刊》的开支。

我放任这些工读生们自己做，自己越来越少进周刊的办公室，好像只要我不进办公室，《阳明山周刊》的困难就不存在一般。

> **创业陷阱**
>
> 创业遭遇困难时，创业者的逃避及拖延，是创业失败的预告。你如果开始逃避，开始替自己找理由，那就应该自我了断，因为你自己已经投降了。

出借办公室的陈朝传先生，有一天心血来潮到周刊办公室看一看，他看到的是凌乱不堪的景象，那几乎是没有人管理的组织，他非常失望，于是决定收回办公室。

这件事等于是骆驼背上最后的一根稻草，我借机将事业自我了断，周刊停刊，我自以为负责任地清算了所有的开支，再拿出一些钱处理善后。

我始终没有计算《阳明山周刊》这个"玩具"总共花了多少钱，直觉地估计，大概几百万跑不掉，天呀，在1980年，几百万元新台币是多么昂贵的代价！

我还是要感激我的姐姐和姐夫们，这些都是他们出的钱，他们从来没有任何抱怨，就纵容我这个弟弟玩掉了他们辛苦赚来的钱，而我也没有任何道歉、感谢，文化人自以为是的个性，大恩不言谢，我以为只要放在心里就可以了，这当然又是我的另一个错误。

这次的创业结束和青年商店不同，青年商店有许多人投入，借钱也有人分担，我好像不太需要扛下所有的责任。但《阳明山周刊》不同，起心动念的是我，主事者是我，负责人是我，所有人都看着我，我责无旁贷，所以事后，我真的还自我检讨了一番，大概知道自己犯了多少错，也让我在下一次的创业中，避免了一些错误。

2 准备与陷落

1978年初,我在台湾《中国时报》上看到《工商时报》创刊,要招考记者的消息,我的心开始悸动,我的记者梦一发不可收拾。

拿别人薪水,学创业本事——全心当记者,看尽商场百态

当时我正在好不容易才考上的国泰人寿受训,在淡水山上的国泰人寿教育中心进行最后一个月的训练,但当我看到《工商时报》招考记者的消息,就偷偷去报了名。

偷偷去报名是不能让国泰人寿知道的,因为这家公司不可能容许有人有二心,而我当时还没有被正式任用;另一个必须偷偷去的原因是妈妈,我好不容易才找到工作,而且是大公司,至于当"记者",妈妈说那不是"乞丐"吗?(闽南语中"记者"与"乞丐"发音很像,而社会上的印象,记者骗吃骗喝、素行不良,不正是乞丐吗?)

应征的过程经历了波折,报社的要求是国文、英文的在学成绩都在80分以上才能报名应征,最后还要正式笔试及口试后,才能录取。而我大学玩了4年,所有成绩都是低空掠过,没有一科的成绩超过80分。

我不服,既然要考试,为何要限成绩,我不能让这不合理的规定,断绝我的记者之路。

我左思右想,决定冒险一搏,我涂改大学的成绩单,把国文、英文都改成80分以上,然后再影印、清除涂改的痕迹,用影印本寄去报社,看看会有什么结果。

没想到顺利闯关,报社虽要求成绩单正本,但用复印件他们也接受,接

着我就一路过关斩将，笔试与口试都不成问题，1978年8月，我正式跨进报社大门。

上班的第一天，我忐忑不安，生怕涂改成绩的罪行被揭穿，最后我决定去向主管坦白、自首，没想到主管完全不以为意，原谅我的自首、坦白、认错，我终于可以安心了。

> **创业陷阱**
>
> 出书前，公司的法律顾问提醒我，要把伪造文书的事实写这么清楚吗？我想了一想，既然要分享，就要坦白，每个人都要真诚面对自己过去的不堪，才有机会重来。掩饰只会让自己迷惑，这是我年轻时面对障碍的莽撞，后来，依循法律变成了我最低的自我要求。

或许我是天生的记者，很快就成为报社的明星，我在两个月之内，从最不重要的采访路线，一路转换到最重要的路线，在《工商时报》创刊后的几个月内，我两天一小栏，三天一大栏（小栏指的是短的署名评论文章，大栏则是2000字以上的长篇评论，这代表记者的绩效），我春风得意，自在优游。

我快速成为明星记者的原因很简单，我兴致高昂，全力以赴。记得第一天出去采访，我8点就出门，骑着摩托车，一天就拜访了8个单位，除了中午在路边摊吃碗面之外，完全没有休息，那天还下着微雨，我不喜欢穿雨衣，我的衣服湿了又干，采访对象看到我吓了一跳，每个人都说："没看过记者这么认真。"事实上那个年代确实没有记者在早上出门的。

我另一个快速进入状态的奥秘是：每天把对手报——台湾《经济日报》，从第一页读到最后一页，从第一个字读到最后一个字，而《经济日报》几乎是台湾商场的缩影，从财经大事到产业新闻，从工商新闻到广告，不管是不是与我的采访路线有关，我都觉得好有趣，怎么什么生意都有人做，尤其是许多小广告，更透露出底层商场社会不为人知的实况。

我这样囫囵吞枣地阅读，让我在两个月之内几乎变成商场通，对于台湾

商场的公司、人物、行业都耳熟能详,当然在采访上也无往不利,不论什么行业,任何背景,我都可以立即上手,我变成同事的万事通,任何问题我都能回答。

至于记者最主要的工作——写文章,对我而言更容易,我全盛时期的写作速度达到每小时 3000 字以上,那几乎是全无思考,毫不停顿,下笔而就的状况。我觉得我找到了我喜欢的工作。

从记者转变为销售员

可是做记者没多久,我立即遭遇人生的另一个抉择,因为《工商时报》内部的权力斗争,我的直接上司要离开编辑部到广告部去工作,这原本和我无关,但这位老记者要给编辑部的新主管难堪,他要带我这个明星记者离开。

可是新任的编辑部主管也不断地留我,希望我别离开,我面临了两难:老上司的情义,新主管的认同肯定,而我自己是喜欢采访工作的,我该怎么办呢?

我决定选择情义,再加上我心中永不停息的创业之火,我告诉自己,未来我要做媒体,有机会历练媒体中的各单位,绝对是好的。就这样我从写新闻,变成卖广告,从记者变成销售员。

> **创业陷阱**
>
> 创业家不能不会销售,如果你没有销售能力,你不会"叫卖",你就不该创业。所以在创业之前,一定要先学会销售,学会推销自己、贩售产品。

其实我不怕卖东西,因为在国泰人寿我卖过保险,受过完整的销售训练,我知道销售技能一定是人生最重要的能力,现在我又用上了!

我没当太久的广告销售员,总经理就把我升为主管,专门负责筹办各种大型的营销活动，在这之前，中时报系很少办活动，但在《工商时报》创刊初期，为了推广，开始会举办不同的活动，而我就是实际执行的人。

我办过时报服装展（秀）、时报信息展、时报房屋展，我是项目执行人，从规划、征展到执行，所有细节我一力承担，我从一个没见过世面的人，变成面对再大的场面，都毫不害怕，而且有把握完成。

培养出超强危机处理能力

每一个活动几乎都高潮起伏、峰回路转。记得在做房屋展时，我们包下了荣星花园，在户外建样品屋，让购房的人一次可以看许多方案，但正值不景气，所有的建设公司都在观望。当时最大的两家建筑商国泰建设与太平洋建设刚开始都不参加，而其他中小建筑商则说，只有这两家公司参加，他们才愿意配合，我不得已只好想尽各种办法说服这两家公司，结果在最后一刻才完成任务。

在办服装秀时，参加厂商中兴纺织公司要求要找到仪仗队，穿上他们正在推广的休闲衫上台表演，但一直到正式表演的前两天，我还是没找到仪仗队，我非常沮丧，因为上司交代的任何事我从来没有失手，而那一次眼看就要出事了，我决定回去向总经理请罪，也请总经理协助解决。

> **创业陷阱**
> 　　解决问题的能力，是创业家必须具备的条件，创业过程中一定会遭遇各式各样的困难，创业家要能自己设法解决，如果真的不能解决，也要立即寻求外力的帮助，不可以把困难留在当下，因为未解决的困难，会使创业计划解体。

就在回办公室的途中，我看见开南高级商工职业学校的学生，灵光乍现，开南会不会有仪仗队？我立即开车转到开南商工，找到教官，感谢老天帮忙，他们真有仪仗队，我又使出浑身解数，请教官帮忙，再附加每个学生

两件休闲衫,教官外加一块西装料,教官终于同意,并在第二天召集学生操演,第三天晚上如期在中华体育馆上台表演。每一次我都是在这种惊险中一关关突破,这练就了我超强的危机处理能力。

在业务单位,我摸熟了生意的各种窍门,也让我对媒体经营有了更深切的体会。

在广告部1年7个月后,我决定重回编辑部当记者,在广告部总经理的引荐下,我回到当时如日中天、号称台湾第一大报的《中国时报》,在第一大报的招牌下,我开启了与所有知名企业家请教与学习的机会。

大量学习强化创业的认知

在台湾中时报业我负责采访经济新闻,路线是"企业界",这是无限宽广的路线,全台湾各种产业、数十万家企业都是我的辖区,我要如何采访呢?

我自己设定目标,自己找答案。我从最大的行业着手:纺织、石化、水泥、汽车、家电……我再从最大的公司下手了解:台塑、台泥、裕隆、大同、声宝、统一……我找各种机会采访这些大老板们,看看他们如何创办事业,如何经营事业。

> **创业陷阱**
> 创业是学出来的,也是摸索出来的,一方面下决心创业,一方面学习,一方面搜集资料、信息,是创业的必须过程。千万不要一头栽进某一个行业中,而不知道观察外界的变化。我努力观察台湾这些大老板们的经验,以强化我对创业的认知。

对每一个大老板,我都有多次近身采访的经验,每个人都表现了不同的特质:台塑的王永庆精明、朴实、执行力超强;台泥的辜振甫温文儒雅,毫无铜臭味;裕隆的吴舜文理想远大,也有上海人的海派气质;家电业的老板则普遍较本土而苦干，大同的林挺生、声宝的陈茂榜、歌林的李克峻等都类似。我把握了做记者的机会，努力探索他们如何创业。

我发现他们共同的特质是赶上了台湾经济起飞成长的潮流，在20世纪五六十年代，台湾的出口替代政策让台湾经济快速成长，而这些大企业都在这波浪潮中，把握机会茁壮成长。

而他们的壮大也与台湾当局主管部门的政策息息相关，台塑因尹仲容的石化政策，汽车也受到主管部门的长期保护，而所有的出口行业也都在主管部门出口退税的奖励下，加速发展。所以了解主管部门的政策动向，是另一个成就事业的关键。

苦干实干，努力不懈是这些大老板的另一个共同特色，除了辜振甫等世家子弟以外，每一个创业家都有一段非常艰辛的创业起步期。

而每一个人的个性都不同，这让我体会到每一个人都有机会成功，只要你努力。

▎从世界潮流中，学会经营之道

近身观察是最佳的学习方式，尤其当我又是有心探索时，我看尽了每一个大老板的奥妙。不过，让我学得最多的反而是一些中小企业的老板，他们有的尚在起步，有的小有成就，有的正遭遇困难，他们的经验对我而言最可贵，也最可学习，因为大老板的层次早已不是我这个小毛头能想象的。

> **创业陷阱**
>
> 大企业家、大老板们的经验固然可贵，但有时会让刚起步的创业者消化不良，因为情境落差太大。所以观察同样是刚起步的创业者的经验，更有针对性，也更具实务的参考价值，就算是摆地摊的小贩，有时候也会有启发。

在这一段记者生涯中，另一个重要的学习内容是经济的专业素养与管理

知识。

我对台湾的经济发展,做了一番自己的解释,台湾从国民党迁台以后,先发展本土农产品,再进行进口替代,让本土工厂生产简易的工业品,以替代进口品;再推动出口政策,然后逐步升级,从劳动密集到资本、技术密集的产业,这是台湾经济的轨道。

而这其中创业家会历经机会大转换,早期的台湾富豪如陈查某等是农产品贸易商;20世纪60年代以后变成制造业当红,所有从事制造业的企业家都快速致富;到20世纪70年代以后,则转向高科技,这又是另一个大转换。

我学到的是体会潮流变动,比自己努力埋头工作还重要。

在赵耀东任台湾"经济部"部长时,台湾面临第一次的石油危机,那段时间,全台湾笼罩在企业转型、内部整顿、成本降低、生产力提升的大浪潮中,而我却学到所有经营上的基本知识。

在经营困难中,所有的企业开始检讨策略,检讨开源、节流,检讨降低成本、提升效率,"经济部"的自动化服务团、节能服务团、生产力中心,这时候都变成企业改造的火车头,我在第一线的采访中,渐渐理解企业经营中一些不为人知的细节。

而认识许多本土的管理学者,也开启了我探索管理的大门,许士军老师、王志刚老师、司徒达贤教授以及许多企管名师,他们的课程、演讲也是我工作之外的一种学习过程。

创业陷阱

> 许多创业者从来不读书,因为忙在工作中都已经来不及,这是绝对的错误。书是人类社会最宝贵的资产,会从书中找答案的创业者,会少走很多冤枉路。

记者生涯中,另一个重要的收获则是看尽人间的冷暖,在第一、第二次石油危机中,台湾都发生了企业倒闭风潮,我看到许多大老板在一夕之间崩塌，我看他们如何应对，也看世界如何对待失败者。

"经济罪犯"是当时的流行语汇，经营不善一走了之，留下债务逃至国外，这是最不堪、最无耻的做法，当然也有人愿意负责，努力面对债务，但大多数也无法东山再起，徒留遗憾。

我学到经营事业不能有丝毫懈怠，一犯错可能从此冤沉海底。

一直到我离开报社，我虽然领别人的薪水，但都在看这些老板怎么做，当时虽没有明确的创业决心，不过心中澎湃的思潮从未停止。

深陷地狱门——创办台湾《商业周刊》

如果这个世界有舒适圈，那我在《中国时报》当记者的最后3年一定是舒适圈，那时我是财经新闻的主管，带领7个人的团队，以当时《中国时报》的声势，我是全台湾企业都需要公关的对象，所有人对你表面的奉承逢迎，很容易让人迷失在五光十色的糜烂生活中。

每天中午、晚上都有应酬，知名企业期待你多了解它们，多写些好的，吃饭变成理所当然。到了下午我会找个地方洗"三温暖"，傍晚才到台湾"经济部"看一看，那是我唯一的采访单位，晚上回报社、看稿、发稿，下班后又是吃消夜，深夜才回家。

> **创业陷阱**
>
> 舒适圈对个人成长是个大麻烦，安逸的日子过久了，什么事也不能做了。如果你现在不到40岁，更应该知道舒适圈是你最大的敌人，而创业最大的障碍也是要突破舒适的限制。

这真是消磨志气的舒服日子，所幸在34岁时我做了明智的抉择，离开舒适圈，走向创业之路。

我没有一离开报社就创业，我选择一本财经杂志担任总编辑，但很快迎

来了媒体开放的大时代，我也投身众声喧哗的洪流中。

离开《中国时报》的第二年——1987年，这是台湾过去数十年历史中最关键性的一年，也是蒋经国逝世的前一年，在蒋经国临终前，他为台湾定下了自由、民主、开放的制度，一连串的剧变在这一年发生。

▎远离舒适圈，走向创业之路

1987年发生了几件大事。5月，台湾宣布外汇管制开放，6月正式宣告每一个人一年可以汇出500万美元，努力赚钱，累积巨富，但出不了台湾的金钱，从此可以在全世界流动，台湾变成经济自由的地方。

同年3月，几个《中国时报》的老朋友，在"党禁"、"报禁"开放的鼓舞下，创办了《新新闻周刊》，并喊出"自由报业第一声"，我深受鼓舞，大丈夫当如是，只是政治非我所长，所以并没有加入。

> **创业陷阱**
>
> 顺着趋势潮流做事，事半功倍，问题是一个人如何观察趋势的变动。1987年台湾发生了三大剧变，可是很少有台湾人记得，说明大多数人对环境变动的无知，这也是创业者第一个要克服的盲点：对环境冷淡，不知自己面临的机会与危机。

可是当五六月宣布外汇管制开放时，我知道我的时间到了，因为全台湾都发生翻天覆地的变动，而财经商业的剧变也将从资金的自由流动开始，用月刊诠释台湾的变动已经不够，一本商业性的周刊时代来了。

6月底我就辞职，下决心创办台湾《商业周刊》。资金是我自己及共同创办人金惟纯、孔诚志、詹宏志及几位企业界的老朋友一起筹措，新台币1200万元很快就到位，但筹备工作很费时。

本来说好4位共同创办人全力下来工作，但真正开始工作时，孔诚志继续开他的公关公司，随后又去了《联合报》；而詹宏志则继续在远流出版工作,只剩下我和金惟纯两位。我们决定让詹宏志负言责,担任发行人;让孔诚志负财务风险,担任董事长;而我则担任总编辑,负责最费时费力的内容生产。

> **创业陷阱**
>
> 创业伙伴的选择极重要,选伙伴首重信用、可靠,不会让你所托非人;其次要注意与你的互补性,最好是他的专业为你所缺;第三,他要是真正有能力的好手,不要因为他是你熟识的人就呼朋引伴,熟识的人有时像亲人一样,让你无法理性对待。

我下定决心,要在1987年底前创刊,因为1988年1月1日"报禁"开放,我要在开放前抢头香。

可是筹备的人才问题让我痛苦不堪,除了两三位当过月刊编辑勉强算有经验的编辑之外,我全部重新招聘,我不放心用拜师学艺的记者,一切从头开始教。

就在团队记者生疏的经验中,我在10月底勉强编出了一本试刊号,封面故事是"汇率巨掌背后",我兴奋地找一位老伙伴给试刊号一点意见,在餐桌上这位老友一语不发,只吃饭,禁不起我再三催促:"好歹给些意见,我禁得起打击。"他看看我说:"趁有饭吃的时候,多吃一些吧!"由此可以想见,当时的杂志有多粗糙。

不管怎样,《商业周刊》还是在1987年的11月底正式创刊上市,我没对外说,那是我35岁的生日前夕,这是赌上我一生,真正创业的开始。

周刊的节奏,快到我不能想象,虽然我做过多年每日截稿的报纸,但那是大集团作战,我只是每日出刊的一个小团队负责人,所以应付裕如。可是周刊人少事繁,每天都在截稿的压力之下,我忙得连如期出刊都不可得。

我没办法想任何事,每天就是工作、工作、工作,而截稿又要弄到三更半夜,我陪着所有的小朋友(记者编辑们)做完所有的事才下班,此时已经没有交通工具,只剩出租车,而他们多数是年轻女孩,我不放心,只好开

车——送他们回家,当时我的口头禅是:"桃园以北都顺路!"真的,淡水、桃园、基隆都是我常去的地方,我常常是清晨提着早点回家,吃了才休息。

> **创业陷阱**
>
> 创业初期非常辛苦是很正常的,这是创业过程中必经的考验,这时候的紊乱也是必然的,好的创业者会在最短的时间内,让混乱稳定下来,找到明确的工作规则,如果超过3个月还继续混乱,你的创业就很不乐观。

辛苦的日子,却没有换来好的工作成果,一年下来1200万元新台币的资金很快就赔完了,平均每个月要赔100多万元新台币,只好增资。第一次的增资很容易,因为大家还处在创刊的摸索中,所有的人也看到我们的努力,所以所有的股东都继续增资,我拿到第二个1200万元新台币。

在增资的过程中,我仔细反省了一遍,到底发生了什么事?我找到了最大的原因:编辑部缺乏能力强的好手,自己训练的新记者没办法提供足够精彩的内容。

于是在增资之后,我努力招兵买马,找来一些有经验的老记者,组成了一个军容壮盛的团队,当时我底下共有3个副总编辑,都是从报社挖来的,绝对可以完成好的内容采访。

只不过事与愿违,第二年《商业周刊》的内容并没有具体的改善,稿量还是不足,质量还是有待改善,我也还是忙乱不堪,原因无他,我不会管理,不会排难解纷,坐令几个有经验的副总编辑们互相斗争,互相掣肘。

有经验的人各有脾性,也各有坚持,因此指挥调度、沟通协调上更为困难。而我这个主管因为没有经验,又一直想维持表面的和谐,不愿直接裁决对错,以避免大家面子上过不去,结果是问题一直存在,争执纠纷不断,我忙着安抚大家,可是一波未平,一波又起,《商业周刊》错失了第二年成长逆转的机会。

创业前先学管理

除了有经验的副总编辑们的问题外,创刊时训练的第一批记者,在第二年稍有经验后,也陆续被挖角离职,整个编辑部又处在变动中。

> **创业陷阱**
>
> 如果创业不是一个人摆地摊,而是有团队(3人以上),创业者就会面临管人的问题,也就是如何当老板,这可能是创业者没想到的,而管理与管人工作的成败,通常是创业成功的关键因素。

其他部门也一样,创刊时投入的业务经理,也因公司营运没改善而离职,第二年并没有因增资而趋于稳定,反而陷入新的危机。

在第二年周年时,由于内部营运很差,为了提振士气,我们还办了一场盛大的两周年社庆,在来来饭店地下楼包下了最大的宴会处,广发英雄帖,这其实是打肿脸充胖子,想透过外部的热闹,稳住内部的军心。

我还记得,第一个上门的宾客是当时的台湾"新闻局"局长宋楚瑜,正式的酒会下午2点才开始,在我们还在准备时,1:10分他就到达,让我们有些措手不及,他说因为有去南部的行程,只好先来致意。在我们处境艰难的时刻,对这一幕,我印象深刻。

在酒会上,我们还做了一个企业大量订阅杂志的规划,希望借由热闹的现场,营造气势,促成光临的企业界人士掏钱订阅。只是我们不会叫卖,又不敢强力促销,导致效果不彰。

"增资"并非改善营运之道

热闹的两周年社庆一过,公司又陷入困境,第一次增资的金额已见底,不增资又无以为继。

第三次募资，我们学乖了，决定加一倍增资2400万元新台币，以免一下子又赔完。不过这一次增资不像第一次那么顺利，所有的股东都开始怀疑，我们到底在搞什么鬼？

我们努力地一个个说服，但已经有许多老股东决定放弃，在不得已之下，我们只好引进新股东，几乎是只要任何人愿意投资，我们都视为恩人，双手欢迎。

这时候的《商业周刊》，工作团队来来往往，许多人加入了没多久，就发觉这是个没有希望、没有前景的地方，很快就离开了。而最早参与的一些老干部，也都在第三年左右全数离开，整个核心团队只剩下我和金惟纯两人。

不得已我又重回训练新人的阶段，不过这次我学乖了，对所有的新人，我在面谈时都要求一定要工作满两年，中途不得离职，有的应征者会问，要签约吗？我说不需签约，这是口头承诺，他们听到不用签约，都答应加入工作，可是事后真正做满两年的不多，我一直处于替其他媒体训练新人的困境。

> **创业陷阱**
>
> 创业初期，一定找不到好手，所以自己训练人是创业者必学的工作。创业者要先把所有工作摸索一遍，然后自己找出最佳的工作方法，然后再经过训练，把这些方法传授给工作者。

由于营运一直没有具体的改善，我开始不务正业。我认为《商业周刊》需要长期抗战，而每个月平均都得赔100万元新台币左右，这个亏损数字也无法降低，因此我们要开拓其他业务，赚钱以弥补《商业周刊》的亏损。

我们做了许多事，代有钱的单位编辑刊物；帮有钱的广告客户代办公关活动，而这些事当然会用到《商业周刊》的品牌，我们毕竟是一份周刊，更是当时台湾唯一的一份商业性的周刊，用媒体的影响力，去发点"横财"，所谓横财，指的是非杂志正常收入，其实也是蝇头小利的辛苦钱。

我还有另一种假设：因为《商业周刊》知名度不足，卖不好，所以广告收入少，如果能增加知名度，那《商业周刊》才有机会逆转。

于是我也去额外做了一些事，例如：替广播电台代工，制作公营电台的节目，一方面收代工费，一方面增加收入。现在《商业周刊》最杰出的总编辑王文静，就是当时应征进来做广播节目而留下来的人。

我们也替电视台做节目：台湾电视公司因为要开设晨间时段的节目，每天有15分钟的财经时段，他们对财经新闻不熟，我们就把这15分钟的节目承包下来。而为了省钱，有一段时间，我还自己粉墨登场，做起主持人，主持其中5分钟的每日股市讲评。

所幸这些非本业的节目，不只增加《商业周刊》的知名度，也都有钱可赚，对财务捉襟见肘的我们，有正面的帮助。不过这种好事，通常做不过3年，就会被其他单位因眼红而抢去。

> **创业陷阱**
>
> 在创业过程中，难免会面临各种不同的诱惑，有时是"横财"，有时是不直接相关的生意，看起来都很有意思，这时绝对不可被勾引，创业过程务本第一，当时我去做广播和电视，虽有些钱赚，但事后回想，还是不应分心。

用同样的方法，却期待不同的结果

虽然我仍然努力，每天工作12个小时以上，但是最基本的工作方法没变，最原始的经营策略没变，或者应该这样说，我自己对经营事业的逻辑没变，如果我有错，我并没有针对错误修正。我并非执迷不悟，而是觉得一本刊物的创办，确实需要很长的培育期，要经过时间的洗练，才能被大众接受。

这个观念或许没错，但我们没有足够的资金支持，所以一直在与资金奋

斗，一直在跑"三点半"①。

在第三年底，第二次增资的 2400 万元新台币又用罄，这是《商业周刊》最悲惨的日子。再增资自是必然，只是所有的股东几乎都认为我们是骗子（除了少数我十分感激的一两位），我们要再增资的 2400 万元新台币（总股本变成 7200 万元新台币）分成好几次完成，且所有的新股东进来，在我内心都觉得是骗别人上当，因为连我自己也没把握我们能成功。

不过从最后的增资无望之后，我自己的悔悟、顿悟也完成了。过去我们遇到困难，我觉得用增资换取时间，以改变营运结果，而现在增资无门，我们一定要有别的方法才能自救，改变是我们唯一的出路。

这时候，我遇到石滋宜博士（前台湾"中国生产力中心"负责人），在聊天时他说："什么是笨？就是老是用同样的方法做事，却期待会有不同的结果。"

一语惊醒梦中人，过去 4 年来，我一直用同样的方法经营《商业周刊》，却每年期待会有不同的结果，我何其笨啊！

我开始闭门思过，决心自我改变，决定不能再期待增资，要立即从内部改善找到答案。

彻底瘦身，彻底检视所有成果，要把开支降到可能的最低，最好是能立即损益两平，不能的话也要让亏损降低，这是勒紧裤带存活法，任何能降低支出的方法，都要立即实行。

▌创业的生死关头，不谈合理只谈存亡

至于我自己，检讨的事就更多了：我的管理能力、领导能力、做媒体的专业能力、对外提升业务的能力，我发觉我没有一项足够，每一项我都需要

---

① 跑"三点半"：台湾的银行是下午三点半打烊，跑"三点半"就是四处周转借钱，再到银行结算，拆东墙补西墙，每天在银行关门之前把借来的钱打进去。——编者注

重新学习。我尝试快速改变，但所有的改变抵不过营运上的继续沉沦，当每天都要借钱时，环境会给你更严酷的考验。

市场上不断传言《商业周刊》随时可能倒闭的消息，已经要上稿的广告客户，反悔抽稿，我们的销售人员每天辟谣都来不及。

我决定正面面对，我要求业务人员正面向客户坦承我们面临了困难，但也告诉他们，我们已经活了5年，我们有信心、有决心苦撑下去，我们一定要让台湾第一本财经周刊存活，决不放弃。

创业陷阱

创业遭遇生死关头，动手改造时，完全不能谈合理，只要能减少支出，降低成本，就应该立即去做，"这样做不好吧"、"这不合理"都是让处在危机时的创业者错失急救时机的借口。

说来奇怪，承认之后，就不需要辟谣了，还有一些客户反而因同情而支持，困扰渐渐平息。

内部的营运可以慢慢改善，但资金问题还是一定要解决。当时我和金惟纯协议，我守住内部，他负责对外找钱。这样安排，一方面是我对内部经营较熟悉，但更重要的是我爱面子，不敢向别人开口。

创业陷阱

创业者爱面子是重大缺陷，因为爱面子，你不敢大声叫卖；因为爱面子，你不敢弯腰求人；因为爱面子，你不敢开口求援；因为爱面子，你不敢向认识的人借钱，这些都是创业者要克服的障碍。

理论上我跟企业界的关系比金惟纯好多了，但我不敢，我只能躲着，这也真十分为难他了。不过金惟纯也证明他有募款及资金调度的本事。

用一本本畅销书解决财务黑洞

有一年小年夜,薪水及奖金无着落,我已经准备向员工道歉,没想到傍晚金惟纯回来说钱已筹到,第二天一提现,如期发薪,他的同学在最后一刻拔刀相助。

我虽然不负责资金调度,但也常常在山穷水尽时加入帮忙,而我能找的,也就是我的姐姐、亲人及我的太太。

我的太太面临了最多的考验和煎熬。当我每一次动用太太仅有的几十万存款时,我都痛苦不堪,但也无法选择。

有一次下午两点半,金惟纯告诉我,公司还差100万元新台币,他已无能为力,我们只好分头努力。我打电话给老婆,要求她动用她的保命钱。只是前不久我才答应她绝不再做这样的事,但事隔不久我又再犯。老婆当然无法拒绝,我急忙开车到她的办公室,她站在廊下等我,手上捧着牛皮纸袋。我开车靠近,摇下车窗,她把牛皮纸袋丢进车里,转身就走。我坐在车中,10分钟内无法开车。"一个大男人,怎会做这种让自己的女人伤心欲绝的事?"我自怨自问。

> **创业陷阱**
>
> 在最辛苦时,我也曾经向地下钱庄借钱,虽然只有30万元新台币,也是短期(只有一周)的借款,但已足以让我了解到月息4分(100万一个月利息4万元新台币)的威力。不论创业再怎么辛苦,绝对不可以向地下钱庄借钱,因为地下钱庄大多数是黑道,一般小老百姓与黑道打交道,绝对尸骨无存!

这种惊险万状调度资金的日子,过了两三年,一直到我出版了《一九九五闰八月》一书,4个月之内热卖了近30万册,也赚了近3000万元新台币,《商业周刊》的财务窘境才获得纾解。

到了《商业周刊》的第六年，我又调整了工作内容，我全心全意负责出版，这是抢钱的任务，我用一本本的畅销书，快速赚钱，以纾解《商业周刊》的财务黑洞。

地狱门的终结

做出版是全新的开始，我下定决心，每一本书都要赚钱，我不能再慢慢来，我的青春不再。或许是在《商业周刊》已缴完了所有的学费，我从出版第一本书开始，就立即赚钱。

一直到1994年9月，《一九九五闰八月》一书更是我扭转乾坤的一击，这本书使我的人生彻底改变，也使《商业周刊》的营运结构逆转，我告诉自己："不是不报，时候未到，老天爷终于还我公道了。"

我记得《商业周刊》最多时对外负债高达数千万元新台币，而《一九九五闰八月》一书正如大旱之望云霓，财务改善之后，《商业周刊》自然回到比较正常的营运道路。

> **创业陷阱**
>
> 陷入困境时，自怨自艾、迁怒他人，或者丧失信心，都是致命伤，这时候只能相信天理昭彰，只要自己够努力，老天爷终有一天会回报你，这时候保持这样的健康、乐观、正向心态，是你能持续奋斗的动力来源。

其实《商业周刊》在历经了三四年的内部结构调整后，一切的营运状况都已正常化，也找到了自己的规律，而从《一九九五闰八月》之后，不只是台湾的命运改变，真正改变的是《商业周刊》，我深陷地狱门的创业之举，也从此终结。

3
拔出石中剑

1995年,一次发行人员的面试,改变了我的创业生涯,也改变了台湾杂志业的风貌,更改变了台湾媒体及网络的生态。

上市三天就成功——计算机家庭杂志集团

《商业周刊》需要一个发行主管,我找了一些人面试,其中一个人来自一本IT杂志,他是发行主管,我要确认他的经验,不免在工作方面问得比较细致。

从他的回答中,我发觉IT杂志虽然是一个特殊的利基市场,但已有相当的市场规模;更重要的是这个市场看起来正要勃兴,要从小众变成大众,一场计算机学习风潮正要兴起。

这次的面谈花了我两个小时,结束的时候,我告诉这位应征者,我下决心要新创一本给大众看的计算机学习杂志,我邀请他加入我的团队。

> **创业陷阱**
>
> 许多机会是从很细微的末端信息察觉,《PC home》杂志的创刊,就是从一个发行人员的应征开始。创业者要耳听四面、眼观八方,要有见微知著的能力。

我重新创业的念头,由来已久。《商业周刊》长期抗战,濒临倒闭时,"贫贱夫妻百事哀",我与我的创业伙伴,不时因为工作观念上的歧异,迭起争执,那就像一首歌所形容的:"两个人一张床,中间隔着一片海。"这让我早下了决心，如果可能，我会重新创业。

而1995年的《商业周刊》，经过长达4年的内部彻底整顿，运作上已渐趋正轨，再加上1994年出版的《一九九五闰八月》一书畅销，整个气势大旺，这时候如果我离开，影响不大，因此重新创业的呼唤，在我的心中越来越清晰。

我开始用我一人之力，展开可行性分析，这一次我对办杂志已非吴下阿蒙，从市场规模推估，到使用者消费行为，到产品定位，到核心成功因素，到上市规划，到团队想象，我彻底想了一遍也写成文字，我确认这是一个可行的市场，我真的要拔出石中剑，潇洒走一回了。

行动的第一步，我想的是团队，这时我已经知道团队才是创业成功的关键因素，我需要最好的伙伴，我想到詹宏志。在《商业周刊》创办时，他就已是最早投入的股东，后来虽未加入工作，但他一直是我心中的才子。

当时詹宏志离开远流出版，在家挂了一个牌子"Retired"（退休），闭门读书、编书，我知道他不接电话，于是直接上门找他。

在台北市永康街的巷子里，住在一楼的宏志，开门看到是我时，相当讶异，因为我很少烦他，他问我有什么事？我回答："我想办一本给大众看的计算机学习杂志，想听听你的意见。"

创业陷阱

创业、趋势大师兼文学才子詹宏志，台湾文化圈内人都知道他很难接近，虽有共同投资《商业周刊》的经验，其实我和他并不熟悉，但决定创办《PC home》杂志时，我觉得他是最应被请教的对象，所以采取了闯空门的拜访方式，很鲁莽，可是当时我只有这个方法，所以创业者对任何方法都不能放弃。

就在院子里，他看着我，随即就回答："立即去办，一分钟都不要等！"

我接着问："既然你也认同，那有没有兴趣参与？"他回答："参与是什么意思？如果是工作，不行；投资，可以！"

我说:"好,那投资算你一份,工作团队我们另外筹组,但你要参与意见并当顾问。"

▍面对问题,绝不能放弃

事实上在他家的院子里,我们三言两语已经决定了所有的事,一个天翻地覆的剧变,从此展开。

我答应詹宏志,找一个年轻的实际主事者来办这本刊物,所以接下来的几个月,我都在努力做两件事:一件事是筹资,一件事是找一个能干、熟悉计算机的总编辑或总经理。

我一连找了四五位条件合适的人选,其中第一位就是后来计算机家庭杂志《PC home》正式创办时的总编辑,也是现在网络家庭公司的 CEO 李宏麟。他曾是《商业周刊》的记者,后来离开变成专业计算机杂志《PC World》的总编辑,年轻又熟悉计算机杂志,当然是不二人选,可是他想一想之后,觉得加入创业的风险太大,于是决定放弃。

接着我又找了很多位,每一个人在第一次听到要办给大众看的计算机学习刊物时,都觉得是非常好的主意,也都承诺加入,但在仔细思考后,却都选择放弃。

在历经数次的反复,我也喝了无数次的咖啡,最后一次被拒绝时,我十分懊恼,我自问:"我招谁惹谁了,他们为何会先答应,后来又反悔,我放弃总可以吧?"我决定找詹宏志,告诉他放弃不办的决定。

在开车到达距离宏志家数百米的地方,我念头一转:我到处找不到人,可是有一个人退休闲在家里,为什么不找他呢?我下定决心今天要把詹宏志拖下水。

宏志开门见到我,我就气呼呼地告诉他,今天又被"放鸽子",答应来的人又不来了,我决定放弃这个计划,不玩了。这是我事先想好的剧本,看看他的反应。

没想到宏志看看我，问："你怎么这么容易就放弃了？"我一听，他不想放弃，太好了，我说："我不放弃了，可是没人又能怎么办？要不然你下来做好了！"

试算风险，控制失败的可能

就这样詹宏志变成《PC home》杂志发行人兼总经理，我们又是三言两语在院子里谈定，而我是公司的董事长，后来李宏麟也加入，一切峰回路转。

> **创业陷阱**
>
> 有时候事业为什么会不顺？原因就是自己的才德不足。我为什么会一直找不到好的伙伴创办《PC home》？原因是我做《商业周刊》并不顺利，所以许多人在深思之后都退出。当时我没想清楚这件事，一直到詹宏志确定下海，一切才搞定，李宏麟也才愿意加入，原因就是我当时的才德不足。创业者有时要认清自己的缺点。

接下来是一连串的筹备工作，我们做出一份细致的执行计划，其中最重要的一部分是财务试算，我们试算了两年的损益，希望在一年到一年半之内单月损益平衡，并以单月损益平衡计算总亏损金额，作为我们筹资的股本目标。

本来我想筹资2000万元新台币，但经过试算后，一直到单月损益平衡，最高总亏损金额约1800万元新台币，2000万元新台币的股本太少，万一稍有不慎，资金就会不足，所以决定增加到2500万元新台币的资本额，而这也是我的工作。

除了我自己、宏志及商业周刊公司之外，我大概还要找1500万元新台币左右，我以250万元新台币为单位，找人认股。

其实过程并不顺利，我经营《商业周刊》的绩效不彰，许多老朋友对

我经营事业的信心未恢复,所以我只能找新朋友募资,我要特别感谢两个人:一个是信义房屋董事长周俊吉,一个是金仁宝集团董事长许胜雄。

周俊吉和我只有一面之缘,可是我觉得他很正派,我喜欢他经营企业的透明简单,所以找他投资,没想到只见一次面,他就答应了,他的爽快令我意外。

而许胜雄虽是我十几年的老友,但往来不多,谈起投资,一听是250万元新台币,立即就同意,他还问我够不够,不够他还可以找其他人加入。他也真的介绍了其他企业界的朋友,中环的翁明显先生,就是在他的引荐下加入的。

筹资完成,杂志的筹备工作正式展开,但我所做的事也已全部完成:我决定创办这本刊物,我找到詹宏志,我让公司设立完成,我担任不管事的董事长,接下来詹宏志与他的团队完成了所有的事,我只享受创办成功的成果。

创业者要依组织需求成为变形虫

这其实不是我原来的规划,我原本以为我还需要做一些事,但后来发觉,詹宏志的行事风格是圣裁决断,他不喜欢有老板,就连平辈在他身边也没有发挥的空间,所以我从此只开董事会,完全退出日常经营,其实就算开董事会,我也完全尊重他的决定。

创业陷阱

找到可以信赖的人,放手让他去做,作为创业者要有肚量做变形虫,按照组织的需要,调整自己的角色,只要《PC home》能创办成功,我演什么角色都不计较,我终于学会与伙伴相处的方法。

有了在《商业周刊》和创业伙伴相处的经验,这一方面的智慧我已充分具备。前面所说的角色扮演,我和宏志完全没有正式沟通,我自己揣摩,按组织的现况，决定我该演什么角色，而不管事，做永远的替代角色，变成我俩最好的分工。

创刊时詹宏志不愧是营销与创意天才，他决定采取强势上市、物超所值、价格破坏的策略，创刊号厚厚的一本《PC home》，只卖49元新台币，第一次印刷5万本，这些规格都是台湾杂志市场上，见所未见、闻所未闻的手法。以我这个算是有经验的杂志人，事先都不确定这样做是对的，只是直觉可行，当然就放手一搏。

《PC home》杂志一上市销售3天之后，我们就知道成功了，因为便利商店等零售渠道，两天就已卖完，并追加订单，金石堂等传统渠道也一样，这第一期的刊物最后印到十几万册，几乎是台湾杂志史上从未见过的盛况。

更可怕的是，在杂志零售背后，我们绑了一个极具吸引力的订户推广计划，每天订杂志的传真机从未停过，订阅电话满线，我们不得不紧急追加传真及电话线路，只不过解决了传真及电话问题之后，后面的订单处理也因人力不足无法解决。因订阅服务不及时而产生的客户投诉，是《PC home》杂志创办过程中，最大的困扰。

我虽然没有实际参与工作，但所有的会议我都参加，所以我充分了解每一个决定、每一项策略、每一个作为，而且因为我空手，反而能静静地分析思考每一个过程的道理。

詹宏志的策略清晰简单：第一，找到正确而专业的人——李宏麟，由他筹组编辑团队，放手去做，确保有能力编出一本高质量的杂志；第二，要求做到看得懂、学得会，开创出"step by step"的编辑法，让《PC home》的读者做到无痛苦学习；第三，营销上物超所值，创刊号49元新台币，创造最大的声势、话题、知名度及试用读者群，接着延伸出最大的订户量，立即回收订户收入；第四，广告推销随后跟上。

从《PC home》的创刊过程，我看到了一次杂志上市的超完美示范，我终于弄懂，当年我创办《商业周刊》时，那真是不专业的业余作为，过去数年兵困《商业周刊》的疑惑，忽然豁然开朗了。

在《PC home》创刊的记者会上，詹宏志向所有的记者宣布：我们不是创办一本刊物，未来3年要办6本杂志。这个承诺，变成全公司上下努力的目标。

> **创业陷阱**
>
> 每一种事业都有专业，一山还比一山高，我历经《商业周刊》，自认为对经营杂志已很在行，但是在《PC home》的创办过程中，我发觉我对杂志经营只是略懂皮毛。创业者要有决心、肚量，学习别人专业的方法，千万不能自我感觉良好，不能固执。

《PC home》顺利上市之后，很快就变成计算机类第一大杂志，我怀疑应该也是台湾第一大杂志，19万本的发行量，堆砌起许多奇迹，广告每季都涨价，订单来不及处理，而紧接着我们就决定扩大战果。

我们先把已经创刊的《电脑玩家》杂志并购下来；再接着我们创办了《PC office》（《电脑上班族》），定位是上班族的计算机学习；再来是《PC SHOPPER》（《电脑采购》），定位是计算机采购导览杂志；再接着创办了计算机书的出版团队"PCuSER 电脑人"，如果再加上这些团队个别衍生出来的小刊物，计算机家庭集团最多的时候有超过20本以上的刊物，琳琅满目，热闹非凡。

除了计算机杂志以外，我们也尝试跨越 IT 做其他的杂志，《SMART》（《智富》）月刊是最具指标性的一本刊物，这是给社会大众看的理财入门学习杂志，和《PC home》同样走入门学习的路子，让读者真的看得懂，学得会，这个刊物也很快变成台湾入门理财杂志的第一品牌，全盛期的发行量也超过10万册。

《PC home》杂志的创刊，真的是赶上了波澜壮阔的大时代，人类正要面临计算机的大学习潮，也正要在实体世界之外，另外筹建一个虚拟世界，所以《PC home》又接着成立了"网络家庭在线网站"（PChome Online），成为台湾网络风潮最早的弄潮儿之一。

在"PChome Online"之后，我们还成立了《明日报》，大张旗鼓地探索一份在线电子报纸的可能，只是最后以亏损数亿元新台币收场，这也种下日后"计算机家庭杂志集团"与香港首富李嘉诚的企业合并的远因。

创业者要有逆转困境的能力

在计算机家庭杂志集团的所有杂志中，有一份杂志是由我负责筹办，那就是《房屋志》，一本买卖房屋的信息杂志。这本杂志大概是集团内最短命的一本刊物，在6个月之内，赔了8000万元新台币。我下决心停刊，并带着整个团队转型为建筑家居装潢刊物，现在这个团队拥有数本杂志，也是计算机家庭杂志集团在计算机杂志没落之后，还能维持集团规模与活力的重要原因。

创办《房屋志》，我证明了：我会犯错，但我有能力自己逆转，与过去在面临困境时坐困愁城，已完全不同。

> **创业陷阱**
>
> 创业一定会犯错，一旦确定自己犯错，一定要第一时间改变，绝不可拖延，《房屋志》在出版6个月时我就放弃，否则可能会拖垮整个计算机家庭杂志集团。

计算机家庭杂志集团在2000年左右网络泡沫化之前，集团实力达到最高潮，但随着《明日报》停刊，以及计算机学习热潮式微，《PC home》进入另一个体制调整期。

这时候我开始扮演整顿的角色，我停掉了一些刊物，也换掉了许多主管，让年轻的新秀担负重任，我心中只有一个目的，在计算机家庭杂志集团兴起时，我享受了美好的成果，而在集团遭遇困难时，我有责任让局面稳住，尤其在詹宏志离开之后，我应为所有的团队负责。

到2008年，计算机家庭杂志集团的整顿总算看到成果，计算机杂志日

益缩小的规模慢慢稳定下来。从 2009 年开始,将会再尝试创办新杂志,并启动网络媒体的经营,整个集团重新站在起跑点,以迎接金融海啸的挑战。

中文出版王国梦——城邦出版集团

在 1995 年,《PC home》杂志创办的同时,我们也成立了城邦出版公司,这是由 3 家已经成立的小出版社合并而成的,我把一向绩效良好的商周出版社并入城邦集团,成为城邦集团中的旗舰团队。

成立城邦出版公司是詹宏志的想法,透过小出版社合并的方式,试图营造一个大品牌、大团队,向华文世界最大的图书出版集团迈进。詹宏志成功地创办了计算机家庭杂志集团,让我这个不太管事的董事长名利双收,所以当他想创办城邦时,我毅然加入,决定全力打造城邦集团,以投桃报李,这一直是我心中没有说出的秘密。

城邦刚成立时,只有 3 个出版品牌:商周出版社、麦田出版社和猫头鹰出版社。这 3 家出版社在合并的前一年,总的营业额只有 1.4 亿元新台币左右,而且获利很少。但合并的第一年效益立即显现,营业额跃升了一倍,达到 2.8 亿元新台币,获利也明显增加。

这样的成长趋势维持了 3 年,营业额分别是:第一年 2.8 亿元新台币,第二年 3.8 亿元新台币,第三年达到 5 亿元新台币,不过到第四年却出现了危机。

由于整个集团财务统一调度,虽然可以发挥赚赔互补的效果,但如果整个集团出版的类型有太多长线书、销售速度缓慢的书籍,那么现金就会出现缺口。

而 3 家老出版社中,除了商周出版社是以畅销书为主外,其余两家出版社都是长线、销售速度缓慢的类型,再加上城邦在合并后,也陆续成立了墨刻出版(旅游)、红色(网络小说)、马可·波罗(经典旅行文学)等出版社，更使城邦的资金严重不足。

▎梦想成就台湾最大出版集团

在合并的前 3 年，我全力经营商周出版社，扮演赚钱、增加现金的角色，但赶不上集团扩张的速度，我们的自有资金严重不足，这时我不得不请缨担任集团总经理的角色，看看能不能改善整个集团的营运。

我开始导入绩效管理以及利润中心制度，要求各营运团队要对自己的营运成果负责，以免造成整个集团的负担，只不过这种做法引起团队极大的反弹，而导致几位原始创办人离开城邦，独立门户，这也成为台湾出版界重要的话题新闻。

> **创业陷阱**
>
> 创业者也要有足够的信心，相信自己是对的，如果不断分析、检讨，确定自己是对的，那不论遭遇任何的困难，都不可以改变。我对城邦内部管理系统的整理，在经过小团队试验证明是正确后，就全力推动，绝不退让。

我无法停下利润中心、绩效管理的脚步，因为每月动辄数千万元新台币的资金缺口，关系着城邦能否持续维持经营的命运，我也阻止不了共同创业伙伴的出走，我唯一的目标是让合并后的城邦不要倒闭，变成台湾出版界最大的笑话。

虽然面临资金的困难，但城邦集团营运体系的建立也没有一天停下脚步，我们努力打造出版的后勤服务平台，让所有前端的出版团队能有强大的后勤支持系统。

我的理念很简单，出版有许多环节，个别的独立出版团队只能照顾核心流程，对其他周边流程几乎放弃，因此营运永远无法上轨道，所以我喊出："把每一个细微的出版流程，都用最专业的态度管理。"而这个后勤平台便

扮演了专业管理的角色。

后勤支持平台包括印务、渠道业务谈判、后勤仓储、库存管理、物流运输、财务、IT系统、法务和人力资源……这是个复杂的平台,而出版团队则保留选题、出版、营销等工作,以独立自主的方式运作。

> **创业陷阱**
>
> "整合有效益归平台,独立运作有效益,则归出版团队。"这是我们在决定构建平台时,喊出的口号。严格来说,我们也不知道这样的分工正不正确,但是"摸着石头过河",不断测试、不断调整,正是创业者必须有的态度。

我们也喊出了"Plug & Play"(插上电源就能运作)口号,指的是出版团队只要接上后勤出版营运平台,就可以得到最好的支持和照顾。

城邦合并之后的前几年,营运的快速扩张绝对和这个营运体系发挥的综效有关,城邦很快就成为台湾最大的出版集团。

这期间,我们在组织内先后推动了ISO9000,也推动了上市上柜的九大循环,当然也努力地完成了内部工作的标准化作业,这代表了我要用现代的管理系统,来提升老旧的出版行业的营运绩效。

▌从传统经营走向企业化管理

不过这些努力,面临了集团内部的营运理念之争,大多数的老出版人都认为,出版是创意的行业,不应该被管理,管理制度只会扼杀出版的理想和创意,他们的自由浪漫,让城邦内部绩效的提升、管理的追求变得十分困难,他们觉得我所推动的系统化、标准化、纪律化的管理制度,背弃了城邦合并时的盟约。

我虽然被视为"大逆不道"的出版人,但我没有退路,不走上现代标准化的系统经营,绝对不可能成功,所以我不顾一切地走上ISO,走上内稽内控，最后还走上 ERP（企业资源管理系统）的道路。

传统的放任式出版工作方法，仰赖有经验的工作者，仰赖创意，也仰赖运气，营运的绩效时好时坏，无法长期维持稳定，再加上偶然过度理想化，把文化人对社会的十字架背在身上，难免就会出了太多有意义但生意不足的书，这会使集团的财务陷入困境。

> **创业陷阱**
>
> 创业过程中，一旦组织扩大，就必须要走上系统、制度之路，稍有规模，就离不开资讯系统，所以对 IT 投资绝不能小气，城邦的例子说明了 IT 系统的重要，也是城邦经营上的最有效的武器。（城邦在 IT 上投资了上亿元新台币的金额。）

而我推动的绩效管理、标准化流程，就是要让出版工作变成最佳化、最有效率的方法，让整个集团能保持稳定。

从 2003 年开始，城邦的内部流程改造，迈入最关键性的一役：开始导入 ERP 系统，我决定把城邦的工作流程，全部用信息系统来追踪管理。

台湾出版界最大手笔的投资

在众多的 ERP 系统商中，我选择了甲骨文（ORACLE），原因无它，因为城邦母公司用的是甲骨文的系统，这个计划耗资近亿元新台币，绝对是台湾出版界最大手笔的投资。

而且我选择了一次即注定输赢的做法：一次 10 个模块同时上线，我赌上了我一生的英明，也赌上了城邦的未来。

我把 ERP 上线，当做是城邦营运策略转型的大举动，要把城邦从自由、放任、浪漫，带向纪律、效率、系统化、集团化营运的道路，而我几乎是在全公司都反对的状况下一意孤行。

所幸在整个城邦团队中，由我培养建立的营运团队约占一半左右，这一

半的团队被我下了彻底服从令，全力支持 ERP 的上线。

前置作业大约做了一年多，命运的赌注公开的一刻终于来临，我们在 2004 年 9 月将 ERP 系统正式上线。

上线的过程只能用千钧一发、惊险万状来形容，原来城邦集团成立已 10 年，而成立之前 3 个独立的出版社还有更早的历史，其中很多的陈年老账，很多不合规范的做法、库存管理，根本无法在上线时清理干净，我的财务人员告诉我："旧账不清干净，根本不能上线。"

可是我别无选择，许多人在等着看笑话，我也知道，如果当时不上线，我会被批判的口水淹没，而 ERP 也从此不可能在城邦实施。

我下达了强渡关山的指令，要求如期上线，但也要求所有的生意不能暂停，我要团队用决心、用毅力、用人工克服所有的困难。

真的要感谢我的团队，他们不眠不休、熬夜加班，他们用不可思议的方法完成了不可能的任务。

> **创业陷阱**
>
> 在关键时候犹豫不决，在关键时候收手撤退，这是创业者最大的忌讳，有时候，不管遇到多大的困难，强渡关山，是唯一的选择，在城邦 ERP 上线的时候，我就用了强渡关山的方法，因为撤退我会一无所有。

▍面对金融海啸，城邦逆势成长

在 2005 年，整个城邦只感受到 ERP 的繁琐，只感受到流程改变，但没有看到任何 ERP 的好处。

所幸，城邦内部一半的团队，在我的要求下闭嘴调整，不敢有怨言，而另一半也只好慢慢跟上脚步。

从 2006 年开始，台湾出版界陷入整体环境恶化的困境，城邦的营运也跟着恶化，这种状况在 2007 年达到最高峰，整个台湾图书出版业因为渠道中独立书店倒闭，连锁书店财务不佳，使台湾出版界面对最黑暗的营运状况。

城邦 ERP 的上线，赶上了最恶劣的外部环境，但也使 ERP 本身的问题被忽略，因为我们急着面对环境的挑战。

不过也因为如此，随着 ERP 的上线，我们有 3 个完整的年度（2005～2007 年）进行适应与调整，当我们真正把 ERP 融入正常的营运中，也构建出以 ERP 为核心的新营运系统之后，所有的效益在 2008 年开花结果。

2008 年，城邦出版集团交出了自成立以来最亮丽的成果，我们的税前净利达到平均 16%，这几乎是我们 ERP 上线前的一倍。纵使 2008 年的最后一季，世界笼罩在金融海啸中，台湾也哀鸿遍野，但城邦集团逆势成长，跌破了所有人的眼镜。

我知道我已从一个个体户经营者，变成一个靠系统、靠制度、靠科学化管理，能运用现代管理工具的创业家，我已不再是那个"摆地摊"的小老板。

这就是整个城邦集团营运的主要历程，但除了营运系统的改造之外，我对出版工作的探索、创新与改造，在城邦集团转变的过程中，也具有关键性的贡献。

其实我是个媒体工作者，从记者、编辑到杂志创办人，我对出版书籍是个彻彻底底的门外汉，在经营出版之前，我没编过一本书，完全不知出版该怎么做。

但从我第一天出书开始，存的就是"抢钱"的目标，为的是赚一点外快，让当时还非常辛苦的《商业周刊》能改善财务，所以我用了最野蛮的态度、最省钱的方法、最短线的作为，务期达到"抢钱"的目标。

方法也很简单：没有绝对把握不做，利润不好不做。我没有出版人的包袱，所以我从出版第一本书开始就赚钱。接下来，我把这套"抢钱"的出版方法发挥到极致，我仔细拆解每一个出版步骤，用科学方法分析每一个流程，以及流程背后的核心成功因素，然后把这些 know-how 变成文字化的原则、方法、步骤、规范，并把这一套科学化的方法，和我的团队讨论、分享。

日子久了，我发觉我的逻辑、观念与做法，和所有有经验的出版人都不一样，问题是我的方法确保了我年年赚钱，不管外界环境有多恶劣，我知道我走对了路。

我更知道，出版是"人"的行业，靠所有的编辑、所有的团队共同完成，不能只有我一个人知道这一套科学方法，会用这套科学方法，所以在城邦内部，除了每月的营运之外，我每天都在做一件事：训练、训练、训练。

> **创业陷阱**
>
> 创业者是摸索者，是领头羊，也是训练者，在内部要不断地传输理念，宣传理念，教育团队，绝不能说："我的团队不好！"因为团队不好，要么你不会挑人，要么你不会训练，这都是你的错。

我出席各种会议，不是裁决、不是下令，而是说出我的经验、我的方法，这是训练；我也办各式各样的内部论坛，员工要听的也是我的逻辑、我的想法，这又是训练。书出版之后的检讨会，我也提出改进意见，目的不在检讨，而是如果是我做，我会怎么做，这是他山之石的分享，当然这也是训练。

经验传承与系统化管理

最后，我把这套出版方法，汇整成"何氏出版八讲"，从分析市场、解读读者的购买动机，到选题、到编务、到营销、到售后服务、到后勤支持管理，在城邦集团内部，这套课程已经上过两次，而且只有工作满两年的员工能成为学员，这套方法已成为城邦内部的"出版规范"，而这个团队也有所依循，成为一个拥有科学方法、逻辑思考、有出版标准作业流程的现代化出版团队。

我们可以用一张 EXCEL 报表，完成新选题的新书评估过程，我们也很容易为新书估测上市后的销售结果，当然，我们也有无数的 KPI（key performance index，关键业绩指标）作为我们检查营运成果的依据。

更重要的是，城邦出版团队已经不只是以创新、理想取胜的团队，我们更是讲究纪律、讲究协调合作、讲究绩效管理透明化的营运组织，我们不只有理想、有勇气，我们更讲究方法，而且不断地自我挑战、自我探索。

> **创业陷阱**
>
> "有想法，有方法"是创业者必备的条件，所以要不断地在工作上摸索，在方法上更好，绝不能停留在原有的基础上。尤其新创事业时，如果能创新方法，用更低成本、更高效率的流程，将会对现有市场彻底破坏，并立即成功。

除了在内部进行系统化管理的探索外，城邦集团在策略布局上也十分特殊，从创立初期，我们就决定未来城邦将是一个国际化的营运组织，因此我们在香港及新加坡和马来西亚成立了两家子公司，并在大陆成立了探索式的营运试验团队。

香港、新加坡和马来西亚两家子公司一直是我们销售在台湾之外的前进基地，经过这么多年的调整之后，这两家公司已变成我们重要的业绩贡献单位，每年的业绩占比超过 10%，更重要的是这两家公司都能自力更生获利。

近两年，我们更尝试在海外发行刊物，在新加坡和马来西亚我们已经出版 3 本杂志，最早创刊的一本已经获利赚钱，另两本则正在培育中。

另一个重要的策略布局是数字化的探索。

▎城邦的数字化布局

自从 PChome Online 独立运营，脱离城邦集团之后，城邦内部只剩下几

个试验性质的数字团队,这对于一个以纸本为主的媒体集团而言,当然是重大缺憾,因此,如何重新展开数字布局,一直是城邦内部不能或忘的事。

2006年,我尝试做了两项大动作的并购案,一个是博客来网络书店,一个是新兴的社群网站"无名小站"。

博客来网络书店的并购案几乎要成功,当我与最大的股东统一超商议完并购意向与价格之后,没想到原有的创始团队跳出来反对,这是我始料未及的事,为了避免与创始团队为敌,我决定退出。

> **创业陷阱**
>
> 放弃博客来网络书店,在生意选择上,我绝对错误,但我顾及当事人的感受,"君子不夺人所爱"也是我一生的原则,我的放弃对我的公司而言不是最聪明的决定。

无名小站的并购,则是因为我启动较晚,雅虎奇摩早已与无名小站接触,并且已签订了独家议约权,我只好等待,最后雅虎捷足先登,我又再度落空。

但我知道城邦的数字布局不能停,在无名小站确实与雅虎签约的当晚,我决定找另一家规模小但有潜力的社群网站下手,这就是痞客邦(PIXNET)。

当晚我就打电话给痞客邦的创业团队,并约好见面,我使出浑身解数,在3个月之内完成与痞客邦的合作,从此城邦集团找到进军数字世界的前进基地。

我花了两年的时间(2007~2008年),与痞客邦的营运团队磨合,放手让他们去工作,结果痞客邦在两年内从台湾流量100名左右的网站,进步到流量前20名以内,如果扣除台湾之外的网站,痞客邦现在已是台湾流量前10名的本土网站。

在痞客邦的协助下,我们也不断复制网站的经验,我提出实体虚拟、虚实整合的策略,我期待每一本纸本杂志都能复制一个网站,以经营相关的读者社群。

这个计划正在如火如荼地推动中，虽然未来成败未卜，但是作为一个实体媒体的经营者，我不能放弃对网站的探索，因为一旦放弃，代表了城邦集团未来没有想象，如果纸本杂志式微，我们会倒数计时，等待死亡。

与此同时，城邦集团也构建了自营的网上书城——城邦读书花园网站，在2008年，这个网站业绩成长了一倍，我知道我们在网络的布局上已经成功抢下了滩头堡。

> **创业陷阱**
> 当直线前进走不通时，绝对不可以停在原地，要立即变招，寻找突破，没买到无名小站，如果我就此缩手，那城邦在数字世界的布局将只是一场空。在哪里失手，当下立即找回来，是创业者应有的态度。

城邦出版集团是我个人创业的关键代表作，这个集团已经具有中型企业的营运规模（每年 10 亿元新台币的营业额），而且已经有良好的布局，我一生中所缴的创业学费，所学到的所有观念与能力，我全部用在城邦出版集团中。

很庆幸，我并没有被短暂的成功冲昏了头，也没有因为安定就安逸起来，我仍然充满了斗志，因为我知道，我肩负了所有工作者的托付，也肩负了所有投资人的期待，我要善尽善良管理者的责任，继续奋斗，继续创新，继续探索未来。

4 把爱传出去

当我的创业历程逐渐稳定下来之后,我开始分享我的创业经验,也协助一些年轻人创业,我变成投资人,也变成创业辅导教练。

几个投资及辅导创业经验

我不记得我的创业分享及辅导是从什么时候开始的,好像一直都有一些人,会通过各种关系找到我,有的是在创业遇到困难时,来请教我如何解决;有的则是在尚未创业时,就来询问如何启动创业。我一向来者不拒,知无不言、言无不尽,尽可能给予帮助。

我的想法很简单,在我创业时有这么多好朋友、亲人,在资金、建议上给我帮助,给我这么大的空间学习、摸索,他们都不企求我回报,现在我也应该把这种爱传出去,协助即将创业的人,走出创业之路。

其中有许多是我团队中的成员,当他们想创业的时候,我义不容辞。我会为他们提供想法,协助他们完成创业规划,必要的时候,也协助他们募资。

其中有一个非常能干的业务主管,曾经销售过房地产,后来离开我的公司,决定重回本行开房屋中介公司,我不只成为他的创业教练,而且还参与投资,协助他完成募资。

他做了两年的房屋中介之后,决定转行到计算机系统软件业,我继续扮演同样的角色。他虽没有赚到大钱,但创业的过程算是平顺。

这个案例让我充分理解,创业者本身是成败的关键,只要创业者本身是对的,不论他遇到什么困难,都能解决。

另一个案例则完全相反，一个创业者要到大陆创业，我非常鼓励他，也全力协助他，但他在大陆的生意，每隔一段时间就资金告急，一再增资，最后我不得不亲赴大陆仔细了解，但他的说法总是千篇一律——人生地不熟、团队成员不佳、资金不足等，而最后的结论是：只要再投入资金就可以改善，我相信了几次之后只好放弃。

事后我发觉，他开的小工厂，理论上该亲力亲为，但他始终待在上海市区的办公室，几乎从来不到工厂，工厂交由大陆的朋友管理，这个他相信的大陆友人吃他的、用他的、拿公司的产品大做人情，他和我年轻时一样，把创业当玩具，几乎犯了创业所有可能犯的错，当然不会成功。

其实我只要从财务报表中检查，很容易看出问题所在，但我没想到他会犯如此基本的错，所以钱一借再借。

还有一个案例是一个出版同业，他开的是一家小出版社，过去我完全不认识他，在财务已周转不灵时通过我的一个编辑找到我，一对年轻的夫妇，小孩刚出生，先生有一些才气，只是心太野，扩张太快，以至于局面失控。我心生恻隐，倾当时我所有的财力——几百万元新台币协助他，希望能救回他的出版社，但是没能成功，公司最后还是清算了。

这个年轻人事后告诉我：他会记得这一段，在有生之年他会报答我。我告诉他别在意，我只是在"把爱传出去"，报答那些过去帮助过我的朋友们，他只是那个接受到帮助的人，只要好好奋斗，别想太多。

另一个案例也类似，又是一个我完全不认识的人。我的编辑告诉我，他的一个朋友经营一家公司，发生困难，希望我能给他一些建议。结果我一再地在资金上协助他，但最后也不能改变什么，这个公司还是解散了，这个创业者后来也只好重回打工生涯，这又是另一个接受到我"把爱传出去"的幸运儿。

▎资金与管理一起并行

从这两次之后，我确定一件事：资金一定不是关键成功因素（KSF，

key success factors），从此以后，我的协助一定是资金与我的 know-how 及管理一起并行，这样才有机会协助创业者成功。

我更清楚地理出创业的关键成功因素：第一，创业者本质好不好，人对不对；第二，生意模式是不是符合时代潮流，大众有无需要；第三，最后才是资金、团队、技术等其他因素。

从此以后，我把我的创业协助分成两种情况，一是"把爱传出去"的回报，这个模式以 200 万元新台币为单位，只要人对，值得信赖，我就参与、就投资，但更重要的是，我每个月会找这些创业者来吃一顿饭，了解他们的营运状况，也给他们一些建议，让我宝贵的创业经验能有所作用。

> **创业陷阱**
>
> 我不是"天使"投资人，因为我的钱很少，但我是很好的创业教练，分析别人的案例，总比分析自己的状况更灵台清明，所以决定善用自己的强项，不再做盲目的天使。

另一个模式比较倾向投资，我会仔细检查所有的环节：人、生意模式、团队、能力、方法等，而投资金额也较大。这个模式我要考验自己的眼光，也在证实我是否能真正看透创业的风险和过程。

其实，我有许多让自己觉得骄傲的经验。有一家公司在筹备时我没赶上投资，但在他们经营一年多，公司仍处在亏损与困难之时，我发现了这家公司，经过了解后完全符合成功的因素，人对，生意模式正在成形，而团队、态度各方面都正确，我拜托这家公司让我投资，完全不担心他们仍在亏损。经过 3 年的一再请求，他们终于开放了一点小股份给我。

后来这家公司几乎年年赚进一个股本，每年分股配息、赚钱对我而言都不重要，重要的是我证明了我的观察能力。

现在我每个月都要参加很多次像这样的餐会，一方面继续"把爱传出去"，另一方面也看住我的投资，让我的创业经验能对年轻人产生帮助，我很乐意这样做。

Part 2

创业十三律

正确、效率、节省成本、有效解决问题，
这些都是老板的老板，
创业者所有的决策都不能违背这些原则，
不能为所欲为。

创业第一律：以身相殉律

- 以身相殉的创业家精神
- 成王败寇自己来

◆ 创业第一律：以身相殉律

定律解读：

（一）创业是非常人的道路，没有稳定、没有安全，只有剧变、只有起伏，要么成功，要么失败。成功则功成名就，衣锦荣归；失败则身败名裂，一无所有。创业者要有"以身相殉"的心理准备，拿一生的性命，赌未来的光明。想安定者莫进此门，不能承受风险与挑战者莫进此门。

（二）创业是条不归路：一旦启动，不能停止，结局也只有成功、失败两种，停滞、不上不下都只是过程，半途收山的代价很高，所以创业贵在慎始，不可有"试试看再说"之心。

（三）创业的成功率不高，大约只占两成（我的直观判断），因此大多数人沦为败寇，不可不知。

适用时机：

创业前及创业初始。

以身相殉的创业家精神

在创业之前,要先确认何为创业家精神。

创业家能扮演变革救世主,他们与一般工作者最大的不同是他们有"以身相殉"的概念。对创业者而言,事业的好坏就是他们的好坏,事业好他们得到名利,事业不好他们也化为灰烬。但职业经理人没这件事,船要沉了,他们想到的第一件事情是拿起救生衣逃命,而不是在这里守到最后一刻。

这种坚持到底,决不退缩,不惜搭上性命的创业家精神,也就是"以身相殉"的态度,是当下金融乱世,拨乱反正最需要的良方。

创业家以身相殉的精神,包括三元素,第一是行为上的负完全责任(accountability)。这是西方管理学界20世纪末以来最流行的管理话题,香港及大陆翻译为"问责",而其真正的含义是要为结果负完全的责任。不管是谁的错,你要对所有的事一概承受,你一肩承担,以问题解决、目标达成、结局完美为最终目的。创业家成王败寇的宿命由此而来,在成功与失败之间,没有模糊的空间。

创业家精神的第二项元素是态度上的无我。你会以企业的最高利益为优先,就算违背自我的利益,也在所不惜。典型的例子就是,宏碁创办人施振荣会说:"我宁可丢掉经营权,也要让企业赚钱,让企业能够活下去。"奇美创办人许文龙会说:"只要奇美电子能存活,老板不一定要是我。"他们都为企业的利益考虑,没有自我,这是创业者最伟大的情操,绝非一般执行官所能及。

创业家精神的第三元素是"创新"。他们不满于现状,他们会有破坏性的改变,他们追逐更完美,不惜自我否定,也就是经济学家熊彼特(Joseph A. Schumpeter)讲的要能"破坏式地创新"(disruptive innovation)。

台湾过去的创业家，顶多是追随现状的创业家，是跟随者，不是规则制定者的创新。因为以2300万人口的台湾市场为基础，不容易成为全世界市场的规则制定者，但在金融风暴下，我们有机会把台湾、大陆想成一个市场，这就有全新的可能。

大胆想（Think big）是创新的核心元素，在金融风暴下，也要有重塑商业规则的气派，不仅是在现状中解决问题，还可以彻底创新竞争规则。

创新的另一个要素是自我否定与否定过去，如果无法否定过去，你就无法启动变革。你要有心理准备埋葬自己。你要先自觉才能重生，先"自杀"才能重生。如果对现在的方式还有一点眷恋，你就没有机会改变。在金融风暴中原有的舒适圈，现在已变成一个痛苦的房间，停在当下，只有死路一条。

把过去的想法全部归零，这个社会正在等待每个角落、大大小小、不同想象的各种创业家。把乱世当成一种机会的开始，而不是当成悲剧的结束，准备奋力一搏，变革就启动了。

▎测试你对工作"以身相殉"的指数

这是一项完全自我坦白心理测验，请不要用社会的价值观来回答，而要以最真实的态度自我坦白，请作答。

	题目	你的答案
1	你服务的公司，对你的意义是？ ①压榨你的组织　②用劳动交换金钱的对象　③对你有恩的组织	
2	工作对你的意义？ ①养家糊口　②有事可做　③实践理想	
3	找工作时，最在意什么？ ①薪水　②行业前景　③是否与兴趣吻合	

（续表）

	题目	你的答案
4	在工作报酬中，你最在意什么？ ①固定薪水　②绩效奖金及红利　③股票选择权	
5	下列工作中，你会挑哪一项（若薪水接近）？ ①知名大型公司经理　②中型公司副总　③有潜力小企业总经理	
6	定工作目标时，你会： ①保留实力，定低目标确保完成　②按实力有多少定多少　③乐观想象，定高目标自我挑战	
7	你做事的态度是： ①保留实力，交差就好　②跟大家一样就好　③全力以赴做好	
8	当公司分派一项非你职掌的工作要你完成时，你的反应是： ①又来找我麻烦　②不满意也只好接受　③又有表现的机会	
9	你的付出与所得，公司与你谁有利？ ①你有利　②双方都有利　③公司有利	
10	当你看到报纸上有公司经营困难，要求员工降薪的新闻时，你直觉的反应是： ①公司又在压榨员工　②不知谁对谁错　③公司一定有不得已的困难	
11	当你接受新任务时，你首先考虑的是： ①做不好会有什么伤害？　②试试看再说　③做好有何奖赏？	
12	如果因绩效不佳被降薪，你会： ①强力抗争　②默默接受　③自我检讨	
13	被老板要求而接受了高难度的工作目标，你的想法是： ①气愤难平骂老板　②人在屋檐下，不得不低头　③老板可能有道理	

(续表)

	题目	你的答案
14	当你负责的事，发生错误时，你最先想到的是： ①谁该负责　②寻找借口　③寻找方法解决	
15	公司要调动你的工作时，你的态度是： ①除非我喜欢，否则我不接受　②即使不满意，也只好接受　③只要公司需要，都全力配合	
16	别人工作不力，导致你的工作绩效不佳，你会： ①责怪别人　②自认倒霉　③协助他人做好	
17	看到别人犯错，可能导致公司受损，你会： ①不关我的事　②替公司担心，但无能为力　③婉言规劝，让错误不再发生	
18	当公司利益与你自己的利益相冲突时，你会选择： ①对自己有利　②不知如何处理　③对公司有利	
19	你有一项资源，当公司需要时，你会： ①不动声色，不让公司使用　②权衡利弊后决定是否给公司　③主动奉献给公司使用	
20	当你在一家公司工作5年之后，遇到公司面临困境时，你会： ①寻找其他工作　②看看再说　③做到最后一刻，协助公司渡过难关	

结果诊断：

一、计算回答③的总数

③的数目在10题以下，你是一般正常的工作者，以自己为重。

③的数目在11~15题，你应该是主管，会被公司委以重任。

③的数目超过16题，那你有创业家倾向，有为公司以身相殉的态度，有做老板的可能。

二、回答①都是倾向以"自我"为重，回答③都是倾向以"公司"为重。

成王败寇自己来

> 每个人创业的原因都不一样,但最可怕的是,在没想清楚创业的真相前,就走上创业之路,而一旦面对痛苦、风险、煎熬、剧变,又后悔,无力承受而崩溃放弃,这是最大的悲剧。
>
> 怕热就别进厨房,创业是高温的锅炉,要创业前先想清楚吧!

一位读者在演讲场合问我:为什么这么喜欢创业?是什么样的动机促使我一辈子都在创业?

现场我无法仔细说明,但这是一个十分重要的问题,每一个徘徊在生涯抉择的十字路口的人,都应该仔细思考。

虽然我是一个天生的创业者,身上流着冒险犯难的血液,但要不是几个让我难以忘怀的场景,令我印象深刻,我也不见得会走上创业之路!

这些令我印象深刻的场景,都是在我当记者时,在第一现场采访几个知名公司倒闭的新闻所见到的。

台湾知名的"十信案",当老板蔡辰洲出事时,我遇到一位十信的高级主管,他努力地在十信工作了一辈子,即将升到一个他梦想中的职位,这是他期待一辈子的目标。但十信一夕间倒闭,他一生的努力化为乌有,在我面前他没有呼天喊地,但魂游身外、大悲无泪,我感同身受。

台湾另一家知名的贸易公司倒闭,我遇到一位总机小姐,在采访时她帮了我许多忙。她告诉我这是她应征了许久才得到的工作,而现在因为老板经营不善,她又要重回寻寻觅觅的日子。虽然我试图帮她介绍工作,但在那不景气的时代,随时丢掉工作的风险永远存在。

▍工作者是"油麻菜籽"

这些令人伤心的场景，都让我体会到工作者的为难，工作者是"油麻菜籽"，掉落在肥沃的田里，可能会长得好；不幸掉落在贫瘠的田里，可能永远也发不了芽。而就算在好田里成长，也可能会因为环境变异，而枯萎夭折。

工作者是把主控权交给老板、交给公司，期望寻找一家欣欣向荣的公司，追随一个英明神武的老板，随着公司成长的浪潮，自己也得到安身立命的空间。

但事与愿违的风险永远在，就像我所见到的这些案例。这些可怜的工作者，努力认真地做了所有的工作、完成了所有的任务，但最后却随着公司、老板而跌入了万丈深渊。

我油然而生"成王败寇自己来"的决心。选择当工作者就是期待安定，丢掉自主权、配合公司，吃一碗安稳的饭，可是如果安定无法确保，那何苦要委屈自己呢？不如选择创业，成王败寇自己来，这就是促使我走上创业之路的真正原因。

我时常劝年轻人，在不了解自己的性格之前，不要轻易走上创业之路，因为创业的风险、变动、不安……不是每一个人都能承担的。有冒险性格、喜欢挑战的人，才是创业的上选人才。

但是，人生的际遇不能安排、无法规划，最安定的个性，命运之神却可能给了你最大的人生变动。如果一个人把安定变成人生最大、最重要的选项，你不见得会得到安定，你只会得到每日忧心害怕变动，你会为可能的变动惶惶不可终日。

想一想"成王败寇自己来"的潇洒痛快吧！人生有时需要不同的思考。

■ 后 记

❶ 有人是天生的创业家，没有风险、平凡的事，他没兴趣，只有创业才能满足，这种人百不择一，大多数人都不是。

❷ 有人创业，想的是赚大钱、成大业，但另一个可能却是坠落万丈深渊，一相情愿者莫进此门。

❸ 21世纪最大的变动，就是好公司会倒、政府会倒、国家会破产，想领一份安稳的薪水，要祖上有德，因此与其领薪水、看别人脸色，不如自己创业，这又是另一种思考。

创业第二律：不自由律

- 没有自由的人

◆ 创业第二律：不自由律

定律解读：

（一）一般人对老板最大的错误认知是老板可为所欲为，拥有最大的权力，可以一言而决，可以做他想做的事，如果你因羡慕老板的自由而想创业，这是绝对的错误。

（二）公司中老板最大，但老板还有更多老板：客户、股东、员工、外部关系人、媒体，都是老板的老板，这些人都可以让公司绩效不彰，老板都要看这些人的脸色。

（三）正确、效率、节省成本、有效解决问题，这些都是老板的老板，创业者所有的决策都不能违背这些原则，不能为所欲为，老板想怎么做不重要，做"对的事"才重要，没有"老板学问大"这件事。

适用时机：

创业全程。

没有自由的人

人活在世界上,一切都被系统与制度所制约,家庭、公司、政府分别管理某些部分,人的自由有限,因此对"挥洒自如"的自由都格外向往,而企业中的老板,通常是权力最大、自由度最高的代表,但这只是表象。

创业与当老板的真相正好相反,他们是绝对没有自由的人。

好朋友约我打球,问我什么时间方便,我说假日方便,但也要事先约定。他又问:周一到周五上班日不行吗?我说:要上班,除非先请假。他又问:你不是自我创业当老板吗?有人会管你吗?

对这个问题,我就不知怎么回答了。因为刚创业的时候,我确实以为"我最大",我决定一切,不会有人管我,但在历经无数的挫折、失败之后,我知道我不只有人管,管的人还真多,多到让我成为最不自由的人。

年轻时,积极想创业,其中一个原因,确实是以为老板拥有绝对的自由,想上班就上班,想做什么就做什么,想怎么做就怎么做,可以完全否定别人的意见,多有权威啊!

因此当我开始创业时,第一个学到的也是当家做主的决断与权威,也是那种爱做什么就做什么的自由。在我自己的王国里,我主宰一切。有时候,因为在外面受了挫折,回到公司里,甚至还会更加恣意放纵自己的权威,来自我满足、自我补偿。

几次创业的失败,让我确定我是不入流的创业者,我是不合格的老板,而自以为"没有人管",又是其中关键错误之一。

"遵守承诺"是创业者的基本法则

时间的不自由,是我最先体会的事。创业初期,我自己也是最关键的工作者,往往我负责的也是最重要的事,因此,很可能启动是我、整合是我、结案也是我,如果我随便更改时间,整个团队、整个工作就全乱了。我要遵守承诺,准时完成所有的事,才能让公司有效运作。我是老板,可是我卡在工作流程上,完全没有自由。

我创业初期的失败,就是因为我放纵自己,让时间流逝、工作失控。

接着我彻悟的是工作的不自由与快乐的不自由。理论上所有重大决定都会到我身上,如果有A、B、C三案,我可以决定任何一案;如果没有明确的方向,东南西北可以任我决定;我也可以随心所欲地提出我的创意,显示我有多么英明,要同事跟随我的直觉前进。不管工作进行到哪里,我都可以用一通电话,让所有人暂停、转向、重来。这恐怕是创业老板最传神的描述:随心所欲,操控自如。

问题是决策的写意,会因成果不彰而幻灭;财务报表用满堂红字,对我的愚笨表示抗议;工作团队用脚投票,表示他们要远离老板。我唯一能做的是不再挥洒自己决策的自由,仔细观察团队的意见与反应,仔细思考环境的变化与暗示,小心谨慎地做出正确的决定,以确保最后的结果完美。

我的决定不再是"我喜欢",而是可行、效率最佳;我的决定不再是我一言而决,而是团队认同相信,我成为没有自由的人!

表面上,老板拥有绝对的权力,但要用"绝对的不自由"来制衡,和团队、和客户、和股东、和环境相互妥协,找出不随心所欲的正确决定,才能持盈保泰。

■ 后 记

❶ 创业其实是很可怕的事，想想看许多行业，你一旦创业就不能停止，像餐厅，不论刮风下雨，客人都会上门，你不能随意休息，这就是不自由。

❷ 创业通常是做生意，给钱的是大爷，只要对方是客户，你能挑客户吗？生意上的名言是"争财不争气"，指的是不要和客户过不去，不论你有多讨厌他，你有多生气，你都要笑脸相待，这又是不自由。

❸ 创业者其实是要有最高的自律与自我控制能力。

③ 创业第三律：挑战不足律

- 创业从不足开始

◆ **创业第三律：挑战不足律**

定律解读：

（一）创业就是用最少的资源，挑战不可能，以获取成功时最大的报酬。所以有白手起家的故事，有五千元、三万元创业成功的故事，资源不足正是创业的基本原理。

（二）资源的不足，包括许多方面，资金不足只是最外显的事实，其他如能力、团队、关系、技术等也都不可能充分。这些都需要靠创业者用决心、用毅力、用全力投入去克服，能克服资源不足，创业才能成功。

（三）合理的资源投入、完整的规划、充裕的培育期，这些都是大公司启动新事业的"不效率"做法，绝不可与个人创业相提并论。

适用时机：

创业全程，尤其是创业筹备初期最重要。

创业从不足开始

创业遭遇困境的几率很高,在成功之前,无不困难重重,而最坏的借口就是资源不足,如果你把资源不足视为困难,那你还不是一个真正入门的创业者。

创业最大的关键,就是用较少的资源,完成目标,以创造最大的获利。

我有过一次非常不愉快的投资经验,一个亲戚想创业,我成了义不容辞的投资人。因为是亲戚,也就省略了所有的检查和管控流程,只有在他有不得了的困难时,我才有机会去了解。只是每一次了解都会以再拿钱投资收场,这成了我最痛苦、最两难的投资经验,碰不得、说不得、退不得。

其中我也尝试尽力协助,但经过几次的沟通之后,我决定放弃,因为这位主事者连最基本的创业观念都没有。

第一次沟通,这位创业者告诉我,因为对环境不熟悉(创业地点在大陆,不在台湾),所以做错一些判断,如果有人告诉他大陆的一些潜规则,他就不会犯错。

第二次沟通,他告诉我,他的团队成员不足、不够好、工作者不称职……所以他做不好。

第三次沟通,他又告诉我,他手中的资金不足,如果资金充足,他就可以买到价位更低的原料,可以买更高效率的机器,可以有更低价的产品……就可以赚钱。

几次的沟通,都归纳出一个结论:"不足",从环境的理解不足、团队能力不足,到资金不足。对这位主事者而言,创业所需要的资源,没有一项他足够,因此经营不善,理所当然。

"不足"才是创业的起点

不幸的是,"不足"正是创业的真相,创业就是从一个人的想象出发,用自己的能力、决心、毅力,突破所有的不足,包括理解、能力、资金、团队等的不足,开创出一个全新的生意,把梦想变成真实,这就是创业。

而学院派的经营课程,对新事业的投资、创办,则有不同的说法。事前要做市场调查,要做可行性分析,要做竞争对手比较,要写完整的事业经营企划书,要有几年的财务试算,要有执行时间表,要有组织团队规则,要慎选执行官。

学院派的说法都是对的,但这些绝对不是个人创业,而是大企业要新创事业的做法,个人创业只能用自己的能力和想象,能做多少算多少,在事前的准备、资源的整合、团队及成员的组建上,绝对不会足够,"不足"才是个人创业的真相。

创业之所以吸引人,也是因为用较少的投入,创造风险极高的新事业,这是从零到无限大的过程,因此"不足"是无中生有的想象,是丑小鸭变天鹅的奇妙旅程,而创业也就是这种平民百姓,晋身亿万富豪的途径。不足是创业的起点,是内涵,是原罪,是不可或缺的一部分,如果有创业者把创业失败的理由,怪罪为不足,那这个人完全没弄清楚创业是怎么回事,根本没资格创业。

我写这篇文章时义正词严,但这是历经幡然悔悟的过程所得。在我早期的创业过程中,我曾经和那位亲戚一模一样,怪罪所有的事,抱怨"不足",而不知错在自己。一直到我体会到"不足"的道理后,创业才豁然开朗。

后记

❶ 好的创业者不会谈不足,只会谈如何解决不足。如果缺钱,好的创业者谈的是如何找到钱;如果找不到钱,他会想,可不可以转换方法,用比较少的钱做事,而不是一直在抱怨缺钱。

❷ 抱怨资源不足,是一般主管会做的事,也是一般公务员常犯的毛病,他们会说"巧妇难为无米之炊",但创业家不会这样做。

④ 创业第四律：态度至上律

- 创业第一天就预约成功
- 测试人生的极端值

◆ 创业第四律：态度至上律

定律解读：

（一）创业是不断失败与不断成功的过程，为何会不断失败？因为观念不正确，因为不了解创业的原理与真相。而一旦观念正确、态度正确，你就可以踏上成功之路，剩下的就是倒数计时等待成功来临。

（二）正确的观念、态度是什么？相信认真、全力以赴会成功；相信真正解读使用者的困难、满足使用者的需求会成功；相信童叟无欺、道德至上会成功；相信表里如一、坚持到底会成功；相信皇天不负苦心人、辛苦耕耘的人会成功。以上都是。

（三）至于其他创业的要素：钱、能力、方法……只要创业者对了、观念对了，这些要素都可改变，也会被解决，所以态度至上。

适用时机：

创业前及创业全程。

创业第一天就预约成功

管理学上常说的一句话:人对了,事就对了,也适用在创业上,创业者几乎决定了一切,而且对的创业者几乎注定了从创业第一天就成功。

这是台湾知名房屋中介公司信义房屋周俊吉的故事。

激励大师在上激励课程时常说:"当下想通了,你就成功了。"这听起来像在催眠,也像在变魔术,有人真的会相信:当下,这件事立刻就会成功吗?

我没上过激励课程,也不相信成功有速成这种事,但我相信只要观念正确、态度正确,从你决定创业或正式开始创业的那一刻起,你就注定未来会成功,剩下的就是你怎么坚持到底,始终如一地走下去,一直到成功到来的那一刻为止。

这是我相信的创业逻辑,只要开大门、走大道,观念、态度正确,老天爷在你度过各种磨难后,终究会用成功回报你。这样的信念,最近我又得到一个正确的佐证,那就是信义房屋周俊吉的创业故事。

台湾信义房屋老板周俊吉成功的创业故事我早有耳闻,当我受邀为信义房屋的企业传记为文推荐时,更让我感受深刻,正确的态度与观念,就好像是飞机起飞的时刻表,在你创业之初,就已经预定了飞机起飞的时间,你只要按部就班、认真工作,时间一到,创业成功就像飞机一样准时起飞。

在时间上,这虽然不是创业第一天就成功,但已具备了成功的要素,也已一定程度预知了成功的结果,离"创业第一天就成功"也不远了。

如果创业的第一天就可以预约成功,那需要什么样的观念、态度呢?根据周俊吉的说法:讲信重义是核心。房屋买卖最需要的是信赖,因为涉及买卖双方最大的资产交易，因此当信义房屋以信义为号召，再加上给业务员的高底薪、低奖金制度，自然就形成了信义房屋客户利益至上的企业文化，久而久之，信义房屋最刻板、最僵化的制度，统一了房屋中介业界，也让自己成为最好的房屋中介公司。

牺牲短期利益，坚守核心价值

这个故事，说明了最笨、最基本的做人道理，也隐含了企业成功最深奥的学问。问题是大多数的企业会这样说，也会有类似的企业信念，但真正把这种精神，融入每日的企业经营中，并真正做到的公司，却少之又少，因此这些珍贵的价值，就慢慢变成象征性的口号了。

因此企业经营，不仅要有崇高理想的企业精神，更重要的是如何坚持这些看起来虚腐，做起来未必能立即见效的原则，并且把这些核心价值落实到日常的工作中，这才是创业成功的真正关键。

牺牲短期利益、坚守核心价值，是企业经营树立典范的有效方法。信义房屋用最严格的海砂屋①认定标准，宁可拒绝到手的生意，替业主把关，这就是坚持。每一个具有崇高理想与经营原则的企业，都要历经无数次严格的考验，当你能拒绝短期的利益，谨守原则，长期就会获得客户及大众的信赖。

我们无法正向表列，哪些是正确的观念、态度，会让创业者预约成功，但只要是做人的基本原则，己所不欲，勿施于人，可能都是企业经营不可或缺的精神。

---

① 海砂屋，是使用了不合格海砂作为混凝土砂料的建筑物，在地震灾害中，海砂屋可能造成严重的后果。——编者注

后记

❶ 态度是创业成功的关键,但并不代表很快就会成功,因为还要算上学习的时间、时机时运的因素,有许多人虽然态度正确,但也要历经长期的折磨。我在《商业周刊》的创业,也历经了7年的煎熬。

❷ 我无意贬低能力或方法的重要,能力对、观念错的人,虽然也会有成果,但终究会犯错,最后又会打回原形,所以观念态度还是最重要的因素。

测试人生的极端值

> 创业就是一个人的变身过程,从贫穷到富有,从平凡到成功,从能力不足到能力完备,每一个阶段,创业者都在向前、向上推升自己的人生境界,不断测试自己人生的极端值,这就是创业的真谛。

每隔一段时间,我一定会提出新事业的创办计划,或推动大型高难度的工作企划,总之,就是要把我已经渐趋安定的工作方式,再度推向更困难、更具挑战性、更不确定的情境中,而我自己也会全力以赴、打起精神,享受御风疾行、挑战高难度的乐趣。

有人问我,为什么已届退休之年,还能够保持如此高的斗志,对风险甘之如饴,完全没有安定退缩的打算?

我没想过这个问题,但也顺道整理了一下自己的工作逻辑。我发现我是战士,在战斗中我得到人生最大的乐趣,而一旦战争结束,生活安定下来,我就觉得人生无趣,就会为自己开启另一个挑战,发起另一场战争。

创新事业就是我人生的战争，因为新事业充满了不确定、充满了危机、充满了挑战，当然也充满了高获利的报偿，每启动一个新创事业，我就回到从前、回到年轻时代、回到活力无限的战斗中。

这是我天生的性格：喜好新事物、喜好冒险、挑战不安定。我不能要求每一个工作者都和我一样，不见得每个人都能承担高压风险，也不见得每一个人都适合冒险犯难。但是适度测试自己人生的极端值，倒是丰富自己阅历的必要手段。

每个人的人生都不是平的，都充满高潮起伏，这些高潮起伏都是人生的极端值，代表了一个人的人生有多丰富，有多曲折，有多戏剧性，有多么值得回味、咀嚼！

不断挑战人生最大的极端值

想一想，你最快乐、最悲伤的事是什么？你历经最大的痛苦是什么？你面临危险的情境是什么？你赚过最大的钱在哪里？你赔过最多的钱是多少？你做过最疯狂的事是什么？这些都是你人生的极端值。

当然人生的极端值也可以很生活化。你住过最贵的旅馆在哪里？你吃过最豪华的餐厅在哪里？你花过单笔最大的钱在哪里？你去过人生最难到达的地方在哪里？你去过地球上最原始的地方在哪里？你去过最好玩的地方在哪里？这些经验都让人回首一生时，觉得殊堪告慰、不虚此行。

人过五十，我开始利用所有可能的机会，测试各种人生的极端值，这才发觉我过去的人生太专注在工作与事业上，我是一个"生活无趣"的人，这是用"享乐人生"的角度来思考。

但我也有值得告慰之处，在工作、事业与挑战上，我搭上了人生的超级云霄飞车，历经了鬼门关前走一回的风险，也历经了一夜点石成金的梦幻，还历经了长达10年随时可能倒闭的折磨；当然我也曾意气风发过，一个"生活无趣"的人，在事业上却历经了人生最大的极端值。

自慢 II 以身相殉

我看到许多的年轻人，死守家园、选择安定、畏惧困难、远离风险，我不禁想问，你愿意你的人生就在餐厅、客厅及卧室中度过吗？你要的就是偶像剧里的虚幻人生吗？

■ 后 记

❶ 一个读者看到这篇文章，引为知音，因为他也充满了斗志、充满了活力，我很高兴有同好，这或许是社会进步的原动力吧！

❷ 创业者是个战士，不论面对什么样的敌人，都会挺身勇敢面对。害怕只会降低你的胜率，绝无益处。

⑤ 创业第五律：一人决胜律

- 老板的唯我定律
- 红尘浪里，千山独行
- 就只责怪我一人

◆ **创业第五律：一人决胜律**

定律解读：

（一）创业通常从一个人起心动念出发，但不论启动时的团队有多少人，真正成功的关键因素，都在创业家（老板）一个人身上，成败都由老板一个人来决定，成也老板，败也老板。

（二）在创业的过程中，创业家是孤独的，你领导团队向前迈进，关键时刻，所有人仰望你圣裁独断，创业家要一肩扛起。

（三）创业家在创业中，要演所有的角色，要演最后的守门人，要演超级 MVP（Most Valuable Player，最优秀选手），只要有空当，创业者就要补位，就要立即解决，没有任何理由。

适用时机：

创业前的认知，创业全程都适用。

老板的唯我定律

在我痛苦的创业过程中，我曾经一直检讨别人、检讨环境、检讨方法，但都未见成效，一直到我开始检讨自己，我发觉我才是问题的根源、创业失败的凶手。

有一则上班族讽刺老板的笑话：员工守则一，老板永远是对的；员工守则二，如果老板是错的，请看守则一。这则笑话道尽了员工的无奈，人在屋檐下，不得不低头，大多数的工作者都是在这种无奈与妥协中存活。

这个笑话的背后是老板的全知全能，完全负责，无可推托。

在我辛苦的创业过程中，有很长的时间，公司都处在水深火热的倒闭边缘。那个时候，我做得最多的事是检讨环境、检讨生意模式、检讨团队、检讨工作方法，试图从这些外在的因素中，寻找问题的解决方案，但我从来就没有想到自己，不晓得一切的根源、一切的错误，可能就在自己身上。因此一切的努力都归无效，因此不论是生意模式、团队或方法，虽然有所改变，但是掌控这些变量的关键因素——自己，并没有改变，所有的问题，也就仍在原地打转。解决一个问题，产生新的问题，公司的情况改变有限，水深火热依旧！

一直到我从外界检讨而得不到答案时，我才迫不得已地回头看看自己，是不是因为我不对，才使所有的事都变错了？这才是一切改变的开始。

▍对的老板能把错事做对

我的想法有错，我的态度不对，我的判断失误，我的用人失当，我的方法不正确，这些都是问题的症结，所有的根源都在"我自己"。当我想通了这个道理之后，我知道答案不在外界，而在自己，一切先要想改变自己，当自己的观念、想法、做法改变了之后，再尝试改变外界。

有趣得很，当我自己改变了之后，其实过去很多我认为有问题的事，忽然就变得不是问题，很多事自动就迎刃而解了。

这就是我体会出的"老板的唯我定律"，对的老板会做对事，就算事情是错的，对的老板最终也会把错事做对。如果事情是错的，一定是老板有错，因为你决定了一切关键，你选择了时间、选择了市场、选择了生意模式、选择了团队、选择了方法，而所有外界的因素，都是因你而来，因你而设，就算外界的因素有错，也只是小错，真正的大错，在自己身上。

不论你是老板，还是主管，"唯我律"是最基本的认知，所有的答案，不在外界，在自己，你有最大的权力，你也决定了一切，包括所有的错事！

■ 后记

❶ 有记者访问我，《商业周刊》为何如此成功，我回答：当我离开，不经营《商业周刊》后，它就成功了，因为我是错误的根源。这不是谦虚的话，这是肺腑之言，而我也因彻悟、自我调整改进，日后的创业才能免于失败。

❷ 老板做了所有的事，包括对与错；要为所有的事负责，包括成功与失败。

红尘浪里,千山独行

> 不论创业的团队有多大,关键时刻创业家(老板)永远千山独行,没有人能为公司的成败负全责,也没有人会在公司毁灭前,陪老板走完全程(老板也不应有此期待),所以创业家要能忍受孤独,要有勇气一人面对所有的事。

一个多年不见的老友约见面聊天,我欣然应邀,没想到老友的会面却变成相互安慰、互吐苦水的场面。这位老友创业多年,算是事业有成,但最近几年遇到外在环境的变动,经营陷入困境,他的困难团队中没有人能替他分忧,一切问题他一肩承担,虽是高高在上的老板,但他感受到的却是孤独无助。

我也深刻体会这种"红尘浪里,千山独行"的感受,表面上公司里架构严谨,分工设职,各有所司,平时正常运作不成问题。可是在关键时刻,整个团队似乎都派不上用场,关键的决定,没有人敢提供明确的建议,只有我自己能决定、能负责。处境艰难的时候,往往也只有我自己去面对。

▍所有创业者必须面对的真相

纵有千军万马,在关键时刻、在艰难之际,老板往往是那个"千山独行"的一人团队。两个老友,谈到老板的孤独、谈到创业者的寂寞,深有同感,也相互慰藉。

这种"千军万马中的孤独",是所有老板必须面对的真实;这与团队是否健全无关,也与公司规模大小无关,更与老板做人的成功与否无关。这种孤独不是孔夫子所言"众叛亲离,是谓独夫"那种错误失败的领导。这是创业者、老板、CEO 都要尝试面对的真相。

创业者最容易体会到这种"千山独行"的孤寂，在创业初期，你从一个人的想象出发，这是千山独行；在创业遭遇困难的时刻，所有的员工都可以跳船求去，只有创业者不行，你要死守到最后一刻，这又是千山独行；在公司濒临倒闭之际，所有的投资人、股东，都可以放弃，只有创业者不行，因为你要为所有的人负责，更要为自己负责，这更是千山独行。

渡过创业困境的大老板，很容易忘记千山独行的真相，因为身边兵多将广，需要御驾亲征的机会极少。但忘记千山独行真相的老板，很容易失败。

道理很简单，职业经理人所做的决定绝对是安全的决定，而不是最聪明、最有效率的决定。放弃千山独行的老板，等于是放弃老板"圣裁独断"的角色，如果是这样，那老板就应该彻底退出经营，不要扮演任何角色，否则有权不用、有责不负，公司必出大事。

大老板的千山独行，可能是一意孤行，也可能是英明决断，但这都是老板该演的角色。就算老板一意孤行，铸成大错，老板自己会受到最大的伤害，也怨不得别人。至于英明独断的决策，其成功的背后也代表着必须冒极大的风险，这种状况有谁能替老板做决定呢？纵然有千军万马的大老板，仍然需要保持"千山独行"的孤寂与清静。

在企业高度竞争的红尘浪里，创业者的千山独行，是一种折磨，是一种痛苦，也是一种惩罚。但要渡过重重危机，获得最大的成果，千山独行是创业者必经的历程，也是不能或缺的能力，必须坦然面对，不能逃避。

后记

❶ 创业初始，创业者当然是一人千山独行，一人演所有角色，如果你抱怨没人帮你负责，那你还不是一个创业者。

❷ 老板永远要假设"只剩我一人"时还能走下去，创业才能成功。

就只责怪我一人

> 创业永远不顺利,遭遇困境时你会责怪谁?谁都不能责怪,因为就算找到凶手,但最后的亏损、失败,也都是老板自己要负责。
> 所以,与其指东说西,不如一力承担。

一个部属找我投诉,他说他的主管是一个没有担当的人,当团队发生错误时,主管通常是把责任推给属下,偏偏这些错误通常是主管自己的决策失误,可是这个主管仍然是找个倒霉鬼顶罪,不肯承担责任。日子久了,他们对这个主管完全丧失信心,只好找我反映。

就算部属不说,其实这个主管的问题我早已看在眼里,我找来这位不敢负责的主管,说了一个故事:

第二次世界大战结束前,盟军选择在诺曼底登陆,登陆的前一天,盟军统帅艾森豪威尔将军在下达登陆指令后,拿出纸笔,写下了一段话:我们的诺曼底计划失败,我已下令撤军。我决定在此时此地登陆攻击,系根据情报所做的判断,所有的军士都勇敢尽职,若要责怪,就只责怪我一人。

这一段话是假如登陆失败,艾森豪威尔将军要用来向新闻界宣告自请负责之用。只是后来诺曼底登陆成功了,这一段话没有成为事实,但艾森豪威尔将军的态度与担当则留名千古。

我告诉这位主管,作为领导人,要一肩扛起所有的对与错,绝对不可以"天塌下来,肩膀一歪,压死一干人等",这种主管是不会有人信赖追随的。

这位主管似乎不完全认同,他问:"如果部属有错,难道我们不该追究责任,也要替他们承担吗?"

我说,部属有错当然该追究,但作为大主管,应该先负责,再究责。负责是对公司、对上级的追究,概括承担所有的责任,因为未能完成任务,或发生任何错误，身为部门主管难辞其咎，因此应先负起所有责任。至于究责，是在内部进行检讨时，再实事求是地追究相关工作人员的责任，而不是直接把上级的责难让属下承担。

我很想讲得更明白：主管的不负责任，是不承认自己的错误，把错误推给部属、怪罪旁人、赖给环境与运气，这是不负责任的主管更不可原谅的错误。

其实"就只责怪我一人"是领导者被信赖的最高境界，这种主管敢作敢当，像巨人一般顶住半边天，任何时候，只要大家全力以赴，面对任何困难、危急的处境，他都会一肩扛下。这种主管会为部属负责到底，部属有错，内部检讨；部属没错，更是完全信赖。

这种领导人，通过日常的相处接触，大家都知道他是可以终极信赖的人，不论如何艰难，他都不会出卖部属，"就只责怪我一人"的主管，是部属愿意无怨无悔效力的对象，他的团队往往在关键时候，会发挥不可思议的力量，突破艰难的困境。

"就只责怪我一人"更是老板及创业者最重要的信念，老板本来就要为事业的成败负完全责任，不论谁该为错误负责，老板都要为错误承担最终结果，因此抱怨部属、责怪他人，只会让团队离你而去，更彰显你的无能与不义而已！

■ 后 记

❶ "就只责怪我一人"并非做滥好人，不追究问题的根源，而是自我认知的态度，老板要一人决胜、一人倾覆，这才是真相。

❷ 这不是鼓励创业者所有事都亲力亲为，只是要让团队知道老板有肩膀、可信赖，他们做事才不会瞻前顾后。

6

创业第六律：团队极小化律

- 团队极小化律

◆ **创业第六律：团队极小化律**

定律解读：

（一）团队薪资及延伸的相关费用，通常是企业经营最大的支出，而且是固定支出，不会因营业额小而减少，因此团队规模的大小，会决定企业损益平衡的高低，规模越小，越容易平衡赚钱。所以开创时团队极小化，风险越低；正常营运时，团队极小化，毛利越高，获利也越高。

（二）分析新创事业的性质，把工作归纳为几个不可或缺的分工，必要时一人负担多种角色，这样就可以减少筹备及新创期的基本团队规模。

（三）团队极小化的另一说法是，每一个功能角色，都要是熟练、专业、能独当一面的人力，因此慎选团队成员。

（四）团队极小化指的是人力运用的最高效率，要比竞争对手更精简，所生产的产品及服务就更有竞争力。

（五）团队极小化的加人原则是："为解决人力不足不得已而加入"，不是预先加人准备业绩成长，强调增加人力的"Just In Time"。

适用时机：

创业初期最需要，会影响创业成败。进入稳定阶段，此定律会变成影响毛利的关键。创业全程也都适用。

团队极小化律

> 如果可能，创业我宁可由"我"一个人开始，因为这样风险最低、效率最高。如果要有第二个人，那是因为我已经完全不堪负荷，不得已才加人。在不确定创业成功时，要用最少的人力投入，一直到已经看到成功的可能，再酌量增加人力。

创办新杂志是过去20年来我不断重复做的事。最频繁的时候，一年要创办好多本新杂志，因此创办新杂志在我心中，早有最佳工作典范（best practice），而其中最关键的规则，就是团队极小化定律。通常我会用3个人组成核心团队，这是创办新杂志最有效率的规模。

这3个人的组合是一人掌管内容（总编辑），一人负责广告（广告业务经理），一人负责营销、掌管上市行情规划以及其他筹备阶段的所有杂务。这是经过无数次的创办经验后，缩到不能再小的团队规模，也是成功创办的最佳保证。

我不是要教大家如何办杂志，大多数人可能也没兴趣了解媒体经营，但这个经验说明了创办新事业的"团队极小化"律，对每一个企业经营者都有参考价值。

▍用3个人组成核心团队

新事业创办，通常代表高风险。在高风险中，最低地投入成本，回收最快，风险最低；最小的工作团队投入成本最低，道理简单明白，不需多言。但如何让团队极小化，却是最大的学问。

早期我们办杂志，没经验，总是想筹备充分，谋定而后动，因此人力多

多益善,每个功能性的部门,都要有人负责。有些单位一人不够,还要两人,超过 10 个人的筹备团队经常出现。但人数越多,沟通越复杂,争执越多,意见越不一致,整体战斗力反而不易发挥。

第二阶段,我们确定每个功能性的部门只要一人,而有些小的功能,可合并成一人负责。经过这样的精简之后,筹备团队大约可缩小为 6 人:统筹 1 人,内容 1 人,广告业务、发行各 1 人,上市营销企划 1 人,后勤 1 人。这样的团队果真成本降低,而且效率提升,新杂志的成功率也更高。

经过这样的实验后,我们再进一步简化为前述的 3 人团队。取消的是统筹 1 人,由 3 人中最有经验的人兼管,通常是负责内容的人兼任;发行业务及后勤,则并入营销企划一并负责,因为在筹备阶段,这些工作不多。这是我们证实最精简而有效的团队,这些 know-how 的形成,证实我们是最专业的杂志经营团队。

因此创办新事业、筹组团队的第一步是针对那个新事业的需要,展开所有功能性的工作,这代表最多需要多少人展开筹备;第二步再把那些非核心,而且工作分量不重的工作合并或缩减,这样筹备团队就可大幅缩小;最后一步,再逐一检查剩下的团队编组,针对每一项工作,假设如果没有人负责,会不会有困难,如果困难不大,就可以删去,团队可更小。这可能就是最小化的创办与筹备团队。

当然最小化的筹备团队组成后,沟通、谋合、取得共识和默契是重要的工作,然后随着工作的进展,可以视必要程度逐步增加人手,一直到接近全线启动时,就可全员到齐投入创办作业。

"团队极小化"定律中可能遭遇最大的困难是团队成员的抗拒。这些负责筹备的工作者如果胆识不足、挑战心不够,通常会要求更多的人力,那么团队极小化就不可能完成,因此选择创办成员又是另一项新创事业的学问。

后记

❶ 有位读者问我,3个人怎能办杂志,我回答:一个人也可以办杂志,看用什么规格?什么方法?办什么杂志?如果你心中还有"必要规模"这件事,那你还没想通创业的千变万化。

❷ 极小化团队在创业初期是不合理的风险控制,成功后人力要合理化,对创业期投入的开创员工,也要合理回馈。

创业第七律：立即赚钱律

- 开门第一天就赚钱
- 问题不要留到明天

◆ 创业第七律：立即赚钱律

定律解读：

（一）这是创业中有关资金使用的态度、方法：创业中资金都是不足的、有限的；一旦启动创业就要用最快的速度产生正向现金流（赚钱），这是态度，也是决心。

（二）立即赚钱指的是亏损期最短、亏损金额最小：最好是开业第一天就赚钱，如不能，也要限期达成平损，先完成单月平损，再完成稳定赚钱，再按目标填平累积的亏损。

（三）不能有长期投资，日后慢慢赚钱的观念：因为长期投资是大公司才有能力负担的，不是创业者该做的事。创业者资金一旦赔完，很可能就没有翻身的机会。

（四）陷入亏损：创业计划受阻时，要想办法立即止血，不论用什么方法，都要先设法止损，不可以拖延，因为这时是走向倒闭的倒数计时，要掌握抢救时效。

适用时机：

启动创业，到创业稳定存活期，必须严格遵行。

开门第一天就赚钱

摆地摊的人,不会等到明天才赚钱,每天都要算账,看今天赚多少,这是创业最基本的原理。只是大多数创业者都忘了这件事。先筹备、布局、投资,再慢慢赚钱,这是创业最大的错误。

把开门第一天就赚钱,当做你的信仰吧!

创办《商业周刊》,是我最刻骨铭心的创业经验。不到一年,就把1200万元新台币的资本赔光;只好要原股东继续增资,大家再拿出1200万元新台币,可是一年多,又亏损完毕;不得已,又继续增资,这次再增加2400万元新台币,股本总共增加到4800万元新台币;但噩梦仍未结束,股本又膨胀到7200万元新台币。这一连串的赔钱、增资经验,让所有的伙伴们痛苦不堪,每天都在绝望边缘煎熬。

在《商业周刊》之前,我还有几次创业经验,但每一次也都赔钱。创业就是亏损,几乎变成公式,让我不得不仔细思考,到底发生了什么事?

一次摆地摊的经验,让我彻底改变了做生意的想法。一次夏天的游园会,我到现场摆摊卖冰棍,游客人山人海,我努力吆喝,几千根冰棍销售一空,当天结账,我赚了不少钱。这是简单清楚的生意逻辑,每根冰棍赚10元新台币,1000根赚10000元新台币,每天开门,每天赚钱,生意就是要赚钱,而且是当天就要赚钱。

▎用疾恶如仇的态度面对问题

我知道我的问题出在哪里,我把创业看成太伟大的事,缺少了摆地摊那种立即要赚钱的动机与战斗力。我总觉得创业要慢慢来,准备、尝试、培

养、上手……然后稳定，然后上轨道，然后才开始赚钱。

我不知道时间是生意最大的成本，每天一开门，人员工资、房租、水电、固定开支……钱就不断付出，遇到问题，我好整以暇，慢慢解决。遇到可能的生意，我不知道当下立即就要把生意拿到手，我不知道稍一迟疑，生意就不见了。总之创业是伟大的事，要仔细规划慢慢来，不需要立即抢钱，立即赔钱。

从此以后，我为自己写下了创业的关键法则："开门第一天就要赚钱。"这包括了明确的赚钱动机、立即赚钱的愿望、简单明了的生意模式，以及高效率的执行。

为了完成这个终极目标，我把所有的创业规划放在心中，时时观察、时时分析、仔细规划，不放过任何细节，在我彻底明白生意模式以前，绝不启动创业，因为一行动就要赚钱，至少要透彻明了赚钱逻辑。

为了完成这个目标，我也极端地缩短开办期，让开办费趋近于零，我知道准备期愈长，成本愈高、风险愈大。

我发觉，太长的准备开办与热身期，是生意亏损的最大原因，因为只要出现单月平衡赚钱，就表示生意模式确立；但持续亏损，就表示一切都还不确定。突破亏损的最佳方法，就是用疾恶如仇的态度面对问题，立即解决开办准备期所遇到的障碍。我前几次创业的失败，都是因为给了自己太多的理由、太多的时间，甚至连我自己也没准备好当一个铜臭味十足的生意人。没有饥渴与贪婪，创业注定会失败。而创业就是逼自己接受一个不可能的任务，"开门第一天就赚钱"也是创业认知的第一课。

■ 后记

❶ 很少人能开门第一天就赚钱，但有此观念，你赔钱的时间会最短，亏损会最少。

❷ 创业者钱少、气短，一定要对赔钱疾恶如仇。

❸ 创业前先去摆摆地摊，体会一下每天数钞票每天赚钱的感觉吧！

问题不要留到明天

"书生造反,三年不成",书生创业更麻烦,创业本身就是草莽的事,读了太多书,有太多想法,凡事讲究合理,遇到问题时反而不能实时有效处理,坐视亏损继续发生,最后病入膏肓,无药可救。

台湾首富郭台铭的习惯是随时采取行动,不管今天是工作日还是假日,不管现在是下午两点还是半夜两点。每一个鸿海的高级主管可能都有这样的经验,睡觉前、休假时,被老板临时召见,立即奔赴公司,立即处理事情。大多数人谈到这情形时,谈的都是郭台铭的凶悍与不合情理,但很少人去解读,这种行为其实是一个创业者立即处理问题的态度。

我的另外一个相对的经验是:集团内的一个团队面临经营上的困难,我一再要求他们做一些事,降低规模、降低成本、改变工作方法,但他们总是以各种理由拖延,或者象征性地敷衍,以至于这个团队永远在存活边缘挣扎。

面对亏损要立即止血

后来我采取了釜底抽薪的做法,让这个团队采取内部创业的形式,独立自负盈亏运作,所有的问题要自己解决。没想到过去我一再要求但都做不彻底的事,在他们独立之后,全部立即执行,而且做得比我的要求还彻底,更决绝!

这两个例子,都说明了一件事,作为一个独立创业者一定要剑及履及地处理问题、解决问题,绝不可把问题留到明天,尤其是那些会导致亏损的问

题,更务必要立即"止血",要替公司留住人才、保住元气。

这是创业老板与工作者最大的差异。对工作者而言,亏损是老板的,问题也是老板的,对亏损没有切肤之痛,但改革、改变,却会立即增加工作上的困扰、增加工作量,因此对问题先是视而不见,再来是大事化小,小事化无,湮灭问题,隐藏问题。当老板开始追究时,就是推、拖、拉,非得被逼到死角,才要采取行动。

这样的员工、这样的主管,最后一定是被组织边缘化,也是当企业进行组织重整时,第一波被裁员、遣散的员工。

创业者则不同,没发现问题就算了,可是一旦看见问题,那就非得立即处理不可,这就是为什么郭台铭不管何时、不管何地,找来主管,立即处理,给人蛮横不近情理的印象。

我无意评论郭台铭,更不是要替郭台铭的不近情理找理由。我只是要强调,这种立即止血、不要把问题留到明天的态度,是作为一个创业者必要的认知。

其实,创业者没有郭台铭这种大老板的好命,创业者不会有人使唤,更不会有人代你去处理问题,有的只是自己动手的亲力亲为。因此如果要蛮横不近情理,只是对自己蛮横、对自己不近情理,要鞭策自己立即下手、立即面对问题。不管是风大雨急,不管是三更半夜,不管是端午中秋,只要问题在那里,创业者就不能停息,要立即处理。

表面上看,问题不等同于亏损,不见得会立即连结财务报表,但只要问题存在,就会变大、就会蔓延,最后都会以财务报表上的赤字,处罚老板、处罚创业者。

员工或者可以无视问题,但主管既然要为成果负责,就不能无视问题的存在,这就是所谓的"问责",其实立即止血,是每一个对自己有期待的工作者不能或缺的认知。

后记

创业者通常没有庞大的团队,所有的问题都要自己处理,所以创业者要把"止血"当做第一要务,而不是做一些缓不济急的事,因为"止血"是创业中最重要且最紧急的事。

创业第八律：最后一元律

- 最后一块钱

◆ 创业第八律：最后一元律

定律解读：

（一）资金是创业的血脉，处理资金问题，永远是创业成功的关键。而在创业中遇到困难时，如何争取最大的生存空间、时间，以扭转创业的困境？就是要避免花光手上可用的资金，最后一元律，就是此时的救命法则。

（二）下定决心，绝不增资，把手中的现金当做最后一笔钱，这是创业者的基本认知。

（三）一旦这是手中最后一块钱，非到最后一刻，绝不能花费。或者确定花费这一块钱时，百分之百有把握赚回另一块钱，才可以出手，每天都要精算每一笔支出。

适用时机：

创业遭遇困境时。或者更积极地从创业初始，每一块钱都要如此看待，那会得到最大的创业试误空间。

最后一块钱

> 如果手中有源源不绝的资金,那就不需要珍惜;集资而成的创业最容易陷入一再增资的状况,因为钱赔光了,所有股东一起负责,经营者没有"断炊"的压力,结果通常闹得不欢而散,股东反目。

2007年,《商业周刊》安静地度过20周年,现在的《商业周刊》坐稳台湾第一大杂志,当年一再亏损、一再增资的窘境,已少有人知。可是对我而言,那可是我最重要的创业实验,在那一段痛苦的日子,我用"最后一块钱"的心态,度过了最艰难的时刻。

不断赔钱、不断增资是恐怖的梦魇,原因除了我的经营不善、策略不明之外,还有一件事,就是花钱不当。刚创办时,雄心万丈,什么都想做,所有的钱都该花,钱很快就花完。增资后,又一样作为,钱也很快又花完。到第三次增资时,所有的股东们近乎翻脸,我知道这是我们的最后一笔钱了,如果又赔完,不会再有任何钱进来了,我们要小心谨慎地使用这些钱。

尽管如此,我们还是不知如何善用金钱,想省钱也没方法。一直到所有的钱又快赔完时,我们才真正觉醒,如果没有非常手段,我知道我们没有机会反败为胜了。

守着手上仅有的一点钱,我告诉我自己:要把每一块钱当做最后一块钱,要把每一块钱用在最关键、最紧急、最有效益的地方,我完全放弃了正向思考,采取了完全不讲理的逆向思考方式。

▎精算成习,把钱花在刀刃上

要花任何钱之前,我会问:不花会死人吗(这只是比方)?如果不会,不花。如果会，再问：谁会死，重要吗？如果是不重要的人，也不花。或者：这一块钱花下去会有效益吗？如果百分之百绝对有效益，才考虑。接着还要问：有几倍的效益？倍数不高也不花。总之，在"最后一块钱"的逻辑下，花钱变成绝对的罪恶，我变成不可思议的守财奴。

可是尽管如此，我们还是花光了手上所有的钱，然后进入借钱周转、寅吃卯粮，长期跑"三点半"的日子。当我们处在倒闭边缘的时刻，"最后一块钱"已经不是假设的情境，而是活生生的现实，每天我们都要和最后一块钱告别，轧完这张支票，下张支票的钱不知道在哪里。

我很清楚，如果没有"最后一块钱"的逻辑，我们无法撑那么久，也等不到团队改善，更等不到环境与运气的改变。从此以后，"最后一块钱"化为我内心的一部分，当我变成经营者、当我身负组织团队的成败责任时，我谨守每一块钱，节俭成习、勤俭经营、精明花钱。虽然这与我的个性相去甚远，我大而化之、不拘小节，讨厌斤斤计较，但我知道，面对经营、面对团队、面对创业的成败，最后一块钱的小心谨慎，是必要的罪恶。

"最后一块钱"代表的不是小气，而是花钱之前的审慎、精算与分析；也不代表不敢花大钱，因为只要经过精算后，认为该花且有效益，最后的一块钱与最后的一百万、一千万，是一样的意思，只要精算成习，钱就会花在有效益的刀刃上。

■ 后 记

❶ 对独立筹资创业者而言，手中的资金可能是辛苦储蓄得来，也可能是借来的，很可能花完了之后，就再也没钱继续投资，因而很自然地就会慎用每一块钱。

❷ 当我回忆这段创业过程时，有时我会觉得如果股东们对我坏一些，不要给我这么多次机会，可能我的彻悟会更早一些，也不会浪费股东这么多钱，当然我自己的浪漫是公司陷落的最大凶手！

创业第九律：欲求不满律

- 创业从愤怒开始
- "五斗米"的背后——信仰

◆ 创业第九律：欲求不满律

定律解读：

（一）此定律用在创业的项目、行业选择，描述所创事业成立的核心原因，以及使用者对创新事业产品或服务的购买及使用动机。

（二）创业会以产品或服务呈现，每一个新创事业一定代表了社会（消费者）对某一种需求的欲求不满，一定是某种使用需求的不方便、无效益存在；或者是某一种困难，亟待解决，这些事都代表社会上有欲求不满，而满足这些需求，就是创业机会。

（三）创业者对这些未被满足的需求，有深刻感受，或愤怒、或生气，油然而生挺身而出的解决动机，这是最典型的创业故事。从解决自己的困难，到变成生意，替大家解决困难，完全水到渠成。

（四）把社会的"欲求不满"变成创业机会，这只是生意。但最高的层次是生意背后有信仰、有热忱、有高端的价值论述。如太阳能事业、有机产业背后的绿色地球主张，出版事业背后的全民教育主张等，信仰会使需求理想化、合理化、社会公益化，让赚钱有更高的动机与价值。

适用时机：

创业选择时，并在创业中全程遵守。

创业从愤怒开始

> 每个人在生活上都会感到不足、不便,每个人也都会看到社会上的不公不义,大多数人选择忍受,但少数人决定挺身而出改变它,这是社会进步的动力,因为不满、因为愤怒,拔剑而起,决心"登斯民于衽席"。
>
> 在商场上,消费者的不满、不便、困难,也是创业者最大的机会,创业从愤怒开始。

1994年,我开始尝试学习使用计算机,计算机杂志是自学者的重要工具,可是买了计算机杂志之后,我发觉看不懂,当然也学不会,而这样的学习过程更是痛苦不堪。

受到这样的教训,我决定办一本让大众看得懂、学得会的计算机入门学习杂志,这本杂志就是《PC home》月刊,当时创刊时喊出的"无痛苦学习"的口号,几乎成为学习商品的经典宣传文字。

同样的剧情,我第一次买了房子,在新房装修的过程中,我买了本土的杂志参考,但十分不满意,只好再买英文的杂志、图书参考,我发觉感觉好多了。装修完新屋之后,我决定办一本装潢家居的刊物,这就是台湾现在十分受欢迎的《漂亮家居》月刊。

需求不满就是生意良机

"读者有困难,我们提供解决方案。"这句话成为我经营媒体的核心理念,可是身为读者、身为芸芸众生的一分子,我之所以会创业,原因在于我感受到不足、体会到不满,而当不足与不满更强化为愤怒时,我就决定要改变、要创业，因此创业从"愤怒"开始。

这样的想法，支持我创办了许多杂志，但这样的观念从来没有在头脑中清晰而完整地呈现。一直到2007年，我出版了日本知名设计大师村上隆的《艺术创业论》，在台北小巨蛋的演讲中，村上隆说出了"创作从愤怒开始"的理论，瞬间创作连上创业，艺术家的创作来自不满、来自愤怒，企业家、生意人的创业也一样来自不满、来自愤怒、来自决定以自身之力改变社会的决心。

当"创业从愤怒开始"的观念灵光乍现之后，我开始仔细地检视一生的创业历程，发觉愤怒几乎无所不在，一直在内心深处触动我的改变动机。

当我是小老板时，发觉政治权威与商业利益扭曲了新闻专业，我决定有一天我要办一份独立、中性、客观的媒体。当我是小职员时，发觉公司内是非不明、组织混乱，我告诉自己，有一天我要创立一个公正、公平、公开的组织，让所有工作者安心工作。当我觉得老板唯利是图、克扣员工时，我期待未来我的公司能和所有伙伴互利分享。当然更多的是，我看到大众有困难、有需求，而未被满足时，那是机会、那是市场、那是生意人千载难逢的良机！

愤怒与单纯看到的生意机会完全不一样。生意机会是生意人天生的赚钱动机，目的在改造个人的财富与生活状况，那是一种生意人精准而理性的计算。而愤怒不同，我们看到社会的不平、不足、不满，而决定挺身而出，尝试改变，有时候那不只是理性分析，而是一种发愿，一种舍我其谁的反应。

没有愤怒的生意会赚到钱，但未必完成个人的自我实践；没有愤怒的生意，只是筹码的增减，不会让人尊敬；没有愤怒的生意，只是个人赚钱的工具，跟社会的改变没关联。从事没有愤怒的生意，你只是个生意人，多几个钱罢了！

后记

❶ 创业的初始动机一定是赚钱、自我财务能力的改善,但客户为何要接受你的商品呢?因为你解决了他的困难,所以"寻找未满足的缺口"是创业之源。

❷ 创业的高端论述,是改变社会,让社会更合理、更进步、更公平,这就要在生意之外,增加道德、理想的层次,"愤怒"就是另一种情绪动机。

"五斗米"的背后——信仰

> 工作不只是工作,工作背后要连结兴趣,才会有更大的学习动机、更大的投入动机;而生意背后也要连结信仰,才能熬得住苦、守得住寂寞,等待市场勃兴之时。

一个年轻人下决心想创业,他告诉我他看到绿色环保、健康的商机,他要做有机食品的相关事业,我非常认同,因为这是走在趋势、潮流上的产业,只要努力坚持,市场会越来越大,是未来社会的热门产业。

可是我问了一个关键问题:"你是把'有机'当生意,还是真的相信有机,实践有机、信仰有机?"

这个问题的标准答案是:两者皆是。作为有机创业者既要相信有机,实践有机,把有机当信仰,也要把有机当生意。

我怕的是他只把有机当生意,这个领域是启蒙中的先导行业,并不是社会中的热门领域,难免有它寂寞孤独、惨淡经营的过程,没有信仰,很难支撑下去。

工作者与创业家的差别

再者，经营未来行业，经营社会中具理想色彩的行业，都要具有传道士的精神，自己就是先驱探索者，要从信仰、实践中，身体力行做见证，才有机会导引大众进入，也才有机会把小众需求变成生意。

这就是工作者与创业家的差别，初始动机都是要赚到足够供自己所需的"五斗米"，但工作者通常只要拿时间、专业、体力换取报酬，工作只是谋生的工具，对工作本身并不一定要有认同、要有信仰。而且工作有偶然性、有时间性，因缘际会做了某一个工作，也因偶然而改变、更换，工作只是一个人暂时的停驻，未必代表长久的承诺。

但创业不同，除非创业失败，不得不停止创业，否则创业往往代表一生的投入，虽然也有人一生创了许多业，可是大多数创业家穷极一生投入一个行业，甚至把所创的业代代相传，这样的本质，只是满足个人的"五斗米"需求吗？

创业又是另一种高度的竞争关系，要比同业做得更好、服务更佳，钻研、探索、练习都是必要的过程，这也不是"五斗米"的需求就能做到的。

因此创业从"五斗米"的需求开始，但成功的关键，在赚钱的动机背后，还有复杂的真相。

认同、兴趣、信仰、愿景，是一连串"五斗米"背后的关键词，是创业背后常被忽略的真相。

认同是肯定一件事、一个行业，因为你要和这件事画上等号。兴趣是要真心喜欢，做这件事是你的乐趣，因为有乐趣，你会不断深入钻研、每天练习、反复从事，不觉无聊。信仰是要再加上理念与价值观，这件事不只是一件事，还要有意义、有价值、有理论、有哲学层次，你愿意一生奉行不渝。至于愿景，是要把所做的事，延伸成长期目标，知道终极目的会达成什么成果，对自己、对社会、对人类，长远的未来会有什么改变，会有什么进步，会达成如何美丽的境界。

这位年轻人选了一个麻烦的创业领域,有机、绿色背后有更多赚钱以外的事,他需要想得更多!

■ 后 记

❶ 开发未来市场,走在潮流之前,是创新之举,也是伟大的创业家该做的事,但"先行者"一定要有信仰,才能突破市场未开时的寂寞。

❷ 做一般的小生意,可能不会有深层社会改造意义,但对客户要尊敬,对服务要热忱,对工作要敬业,这也是另一种信仰。

⑩ 创业第十律：创新律

- 创业、创新与创业精神
- 寻找不一样——创新的简单概念

◆ 创业第十律：创新律

定律解读：

（一）创业在选择行业、产品之时，在定位及策略上一定要有突破现状、改革现状的想法，这才能避开所有先行者已经拥有的优势与威胁，这就是创新律。

（二）创新律简言之，就是用不同于市场已存在的竞争者之方法创业，"不一样"就是创新，创业者如果开创出全新的行业、全新的营运模式，当然更是创新。

（三）创新有几种可能：

1. 从产品或服务性能的改变创新；
2. 从目标客户改变创新；
3. 从流程与成本结构改变的经营模式上创新。（详见哈佛商学院教授克里斯汀生（Clayton M. Christensen）与人合著的《创新者的解答》。）

（四）创新有另一个相关名词叫差异化，也叫市场区隔，一定要用不一样的方法，才能确保你新创的事业有存在价值，否则其他也存在的竞争者都已经能满足客户，为何还需要你的存在？

适用时机：

创业筹备时要有创新概念，并确定创新做法。创业后要不断视客户反应、市场变动，持续调整创新。

创业、创新与创业精神

> 如果只是开一家公司,做一个生意,就已经有很多人和你做一样的事,那你的公司为何会被社会所接受?你能成功的原因何在?这是一个创业者必须仔细思考的问题。

读书真的是一件有趣的事,同一本书,在不同的时间阅读,就会有完全不同的体会,有时候甚至会觉得就好像是完全不一样的两本书一般。

彼得·德鲁克的《创新与创业精神》(*Innovation and Entrepreneurship*)就是这样让我感受深刻的书。20年前,我需要弄懂创业精神(entrepreneurship)的意义都很困难,勉强生吞活剥地把这本"生硬"的管理经典读完;几年前又读了一遍,此时已不用生吞活剥了,可以看出一些趣味,也可以感受到这真是一部管理经典。

最近因要谈企业创新而重新翻阅,竟然发觉好多模糊的概念,一下就豁然贯通,并且可以有效运用于企业经营实务。德鲁克这本已经写完二十几年的书,竟好像针对我的困难而写,而大师的身影也在我眼中飘荡。

我最深刻的体会来自创业与创新的关系。

▎创新的创业风险并不高

德鲁克说:一对夫妇在美国郊区开了一家墨西哥餐馆,他们确实冒了一点风险,他们确实在开创自己的新事业,他们是在"创业",但不是创业家,因为他们没有任何"创新"(innovation)。

这是在第一章的前几页写的,我一定读过不止一次,但我从来没有"读进去"过,也一直没有体会,但这一次就彻底解答了我有关创业与创新的差异。

德鲁克又说：具有创业精神的创业，风险并不高。这又给我一个当头棒喝！因为我一向认为创业的风险极高，成功率可能不到10%。但看完德鲁克的说法，我又豁然开朗。

德鲁克认为，一般的创业，确实具有高风险，因为大多数人只想做生意，拥有自己的事业，但他们不知怎么做，也没有"创新"，更没有把"资源从生产力较低的地方，转移到生产力较高及产出较多的地方"，这是法国经济学家萨伊（J. B. Say）在1800年对创业家的定义。

明显的，如果创业不只是开个小店、组个小公司，做一些完全没有"创新"的事，而能在产品、流程、市场、顾客定位上有突破，那这种破坏市场均衡的创业，成功率当然高很多。比我想象中，只一相情愿想拥有自己的小公司，想开个小店的单纯创业，成功率要高出很多。

写到这里，一切都清楚明白。没有创新、没有改变的单纯创业（我心中原来对创业的定义），风险很高。可是面对市场的不足、需求的不满足、产品的不好用、产品价格的过高等，都可以是创业行动的机会，只有针对这些现象、这些不足，进行创造性的破坏（经济学家熊彼特语），这才是真正的创新与创业精神，也才是彼得·德鲁克心中真正的创业与创业家。

所有想创业的人，都应该想的是，你看到什么样的欲求不满？可以做什么改变？而不只是想做生意、赚点钱！

■ 后 记

❶ 上市场买菜，一个鱼贩告诉我，他做的都是老顾客的生意，他记住每一个人的习惯、每一个人的出现频率，热心地招呼这些老客人，他的差异化是贴心照顾。

❷ 做老生意（已有很多对手与替代商品）一定要想出不一样的做法才出手，而不一样的做法，又要真的让消费者有所满足。

寻找不一样——创新的简单概念

> 每一个成功的生意背后,一定有创新的故事,卖棉花糖的小贩,靠练习练成精彩的表演,也为棉花糖开创出好生意。

一个卖棉花糖的小贩,把卖棉花糖变成一项表演,他顺着风势,将棉花糖慢慢拉远距离,棉花糖在空中变成一长串棉絮般的长条,他则快速地在远处把棉花糖卷成团状。有时过长的棉花糖眼看就要落地,四周观众响起一阵惊呼,但他快速趋前,收拢起所有的棉花糖,观众掌声四起。表演完,观众中的父母带着孩子们排队争相买棉花糖。

这位小贩在不景气中,为自己求得一家温饱,他说:"我的棉花糖并不特殊,但我卷棉花糖的技术绝对是国宝级!"

在电视上看完这则报道,小贩的表演以及四周父母及小孩的笑脸让我印象深刻,而每团20元新台币的棉花糖也变成养家糊口的好生意。

这是我看过最平易近人的创新行动,也是最好的企业创新教材。

"创新"无疑已变成当代企业经营最重要的话题,创新就像无坚不摧的利器,是企业竞争、成长的关键,只不过创新被视为太伟大的名词,大多数人对创新,"瞻之在前,忽焉在后",很难把握创新的真谛。

用表演来卖棉花糖的小贩,把最不起眼、最普遍的小生意,在产品概念上做了彻底的创新。

棉花糖是小孩的垃圾食物,是可有可无的零食,一般来说是家长会反对的食物。但是,这位小贩把棉花糖从食物变成一种欢乐的情境,用表演过程吸引了父母亲及小孩的目光,在欢乐中父母亲忘了棉花糖是垃圾食物,小孩则把买棉花糖、吃棉花糖变成欢乐气氛的最后高潮,小贩的生意当然滚滚而来。

表面上，小贩是在贩卖过程中创新，自己发明了拉长距离及卷棉花糖的技术，这当然是创新，只是这背后更是产品概念的创新，也是企业创新行动中最难的一种创新。

用不一样的核心概念来创业

这个案例说明了创新中几个最发人深省的隐藏性潜规则：

第一，在任何行业中，都可以有突破性的创新，不论这个行业有多古老、多传统、多不起眼。

第二，创新不需要伟大，也不必全面，可以从一个小流程、小细节开始。

第三，创新也不见得需要大行动、大投资、大改造，可以由一个人的一个想法、一个行为启动，这是人人可以做得到的事。

至于如何启动创新，方法也很简单，就是"不一样"：选择不一样的市场、不一样的商品、不一样的技术、不一样的方法、不一样的渠道，当然还可以更细微，如不一样的价格、包装、功能、使用情境等，这些不一样，总归一句话就是"差异化"。

所以用最简单易懂的说法谈创新，就是"差异化"，就是不一样，只要你用不一样做核心概念，来做事、来管理、来创业，就可以启动改变，启动创新。

不要再读厚重的管理书籍，想想棉花糖小贩的创新吧！

后 记

> 街头新开的小店，很容易让人区分出有无创新作为，有创新作为的店，会吸引你上门，也会重复光顾，想想他们做了什么，那就是"不一样的创新"。

创业第十一律：焦点突破律

- 集中全力做一件事
- 掌握关键成功因素
- 抢占制高点——创业实战策略

◆ 创业第十一律：焦点突破律

定律解读：

（一）创业必然是资源不足，那要如何在不足中创造出好产品、好服务，以打败竞争者呢？把有限的资源集中在关键的事物中，就可以发挥突破的效果。

（二）何谓关键事物：重点、高点、弱点、奇点。重点是产品的核心功能与消费者的核心利益，如医疗产品要有效。高点指的是形象、公益、进步、创新等任何会让人肯定与尊敬的作为，如永续与绿色企业。弱点指的是针对已存在竞争对手的不足之处下手。奇点指的是用异于常理、常识的作为，引起注意。

（三）平均分配资源在所有的工作上，绝对是错误的，因为结果是"平均输"，即每一项都输，而焦点突破是要创造单项胜出，以赢得消费者的认同。

（四）寻找突破口，是创业的成功关键因素，找到突破口，然后倾全力一击，形成单点突破，获得印象与认同，然后再扩大战果。

适用时机：

创业前要思考创业的突破关键，创业后，每完成一次关键突破，都要立即规划下一次的突破。

集中全力做一件事

> 所有的事情都面面俱到，这似乎是完美的意思，但世上有完美吗？似乎不可能，我的想法很简单，做好一件是一件，这是我对自己能力有限的认知，我不能做所有的事，不能心太野，所以我集中全力做好一件事，其他的以后再说。

在一个重点新书上市规划会议上，总编辑努力地报告相关的营销计划，他洋洋洒洒地罗列了各种营销活动。由于是重点书，因此预算较充裕，工作规格较大，他几乎用尽了所有可能的工具，也花光了所有的预算，但似乎还是没把握。

我问了个关键问题："这本书上市有把握畅销吗？"他不着边际地回答："我们会全力以赴。"我再说："我不要不确定的答案。"他面有难色，不知如何是好。我说："如果没把握，那整个营销规划要取消，全部重拟。"他畏畏缩缩地回答："我们已想了无数次，这是我们全力做出的计划。"言下之意，是不知要如何重做！

这是我不知已经历过多少次的情境，在重要产品上市时，产品经理为确保成功，用尽了所有的想象与可能，但却得到不确定的结果，每一个人都为这件事担心。

我解决这种情况的方法很简单：集中全力做一件不一样的事，如果找不到不一样的做法，那就什么事情也不要做，因为做了许多没把握的事，只是徒然花钱而已。不花钱、不做事，还可以少赔一些。

▎什么都想做反而做不好

"集中全力做一件不一样的事"要具备两个要件：一是不一样，二是全

力做一件事。

做不一样的事是指，如果做所有竞争对手都在做的营销活动，那消费者早已习以为常，我们跟着做，只是和别人一样，不会有出奇制胜的效果，因此要倾全力想出不一样的做法。不一样就是创新，创新一定是新规格、新想象，才会有好结果。

一旦不一样的创新做法想出来之后，那就以创新为核心，把所有的经费、力量全力投入，只做好这一件事，其他的事都可以省去不做了。

做不一样的事，是要寻求创新作为，这容易理解，但为何要舍弃所有，独沽一味全力做一件事呢？

第一，资源、预算不足，是创业的常态。在经费不足之下，如果我们不集中全力做一件事，一定是备多力分，做了很多事，但没有一件事做彻底、做好。因此要做好事，一定要集中全力只做一件事，先舍而后得，舍弃一般作为，集中创新作为。

第二，全力并非其他事全都不做，而是指将经费、资源的百分之八九十投入关键创新作为，剩下的百分之一二十，应付一定要做的例行性作为，并非不顾现实的一刀切。

被我这样全盘推翻，并要求他们只提出一项作为后，我底下的主管们最后通常会找出一个完全不一样的企划案去工作。虽然结果未必都成果丰硕，但至少都耳目一新，就算重做，我们也试出新方法，得到新经验。

面对没把握的事，不论是新产品、新事业或新项目，我的秘诀只有两样：不一样与全力只做一件事。

■ 后记

> 全力做好一件事，这是工作的方法，对创业更是如此，因为资源有限、竞争对手又很强大，我们只能瞄准敌人的脚后跟，然后一箭毙命。

掌握关键成功因素

一场球的胜利有 MVP，事业的成功也有关键成功因素（KSF），创业要先知道什么是关键成功因素，然后针对这些事做出执行计划，这样就有机会写完计划就成功。

阅读各种工作计划，是我最常从事的工作。而这些工作计划的最高境界是：当我读完工作计划时，模拟一下未来的运作状况，就确定这项计划一定会成功，一切都在计划的掌握中，所有的变量都已经考虑，可能执行的落差也在可管理的范围内！这种"写完计划就成功"，是项目管理的超完美境界。

但这种理想状况很少见，大多数的计划是描述了很多工作内容，要做很多事，要花很多钱，也提出了项目的工作目标。可是整个计划与最后的执行成果无法连结。我最常问的一句话是：按照你的计划执行，你确定会完成计划的工作目标吗？

大多数的工作者不能承诺，也不敢承诺项目计划的工作目标会达成，当然这样的计划是不合格的。我开始尝试解剖那些"写完就确定成功"的超完美计划，也让所有的工作者用同样的思考，重新做计划，看看能不能提高计划成功的达标率。

这种超完美计划通常有一个特质及一项先决条件。先决条件是工作团队的执行力一流，绝对不会在执行面出错，因此只要掌握计划的"关键成功因素"，就有把握成功。而掌握"关键成功因素"就是超完美计划的核心特质。

每一项计划一定有其核心关键成功因素，计划复杂，关键成功因素可能就会有很多项。有的因素还互相牵动、纠缠不清，不容易厘清，更不易掌握,这种状况下要完成做完计划就成功的超完美计划,就不太容易。但有些项目,其关键成功因素只有少数一两项,而这一两项如果能被仔细分解掌握,那就有可能写出超完美的计划。

经过上述的分析、拆解之后,我尝试写出"超完美计划"的SOP(标准作业流程):第一,确定计划目标,只能有一个目标,不能复杂。第二,分析达成计划目标的"关键成功因素"是什么,而且要确定这些因素与目标完成的关系是"必要因素"。第三,衡量完成这些"关键成功因素"的资源是否是组织所能掌握,如果资源不足,就要先解决资源问题。第四,掌握资源后,再针对"关键成功因素"提出明确的工作对策,以确保其完成。第五,完成整个配套的工作计划。

经过这种SOP完成的工作计划,通常可简化为:目标→关键成功因素→达成关键成功因素的方法。这三者之间具有高度的连动性,且有明确的因果关系。如果一切资源都在掌握之中,那计划写完就确保会成功。

不过,这种理想境界在实际工作现场,并不常常出现,因为资源、环境、执行力等因素,导致很多计划的成功率并不能完全掌控。

虽然如此,仔细探索"关键成功因素"仍具有很高的价值,因为找到"关键成功因素",就好像找到开门的方法,有了方法,就可以寻求解答,就算资源不能完全掌握,不确保一定能成功,但成功率的提升也是可预见的。

■ 后记

❶ 创业的思考与行动一样重要,而且要思考在前行动在后,创业的关键成功因素,在创业前就必须想清楚。

❷ 写完计划就成功,是假设执行力完备,不致在执行面出差错。

抢占制高点——创业实战策略

> 这世界永远记得第一，没人记得第二，第二只能看到第一的背影，看不到前方，这就是先行者、领先者的地位。抢占第一的制高点，也是创业的利器。

一家大陆知名的计算机及3C卖场，在设立前为了在哪里开第一家店犹豫不决，因为在他们之前，北京、上海两大城市，都已经有知名卖场先行开业，取得了先进者的优势。作为后来者，这家卖场的业者思考要不要在这两大城市，与先进者正面对决，由于没把握，因而取决不下。

经过再三的评估后，他们决定正面对决，因为卖场成不成功，与有没有竞争对手不直接相关，而与自己是否准备好、是否做对有关。而且在北京、上海成功登陆，其效益都远大于其他二线城市。因而不入虎穴、焉得虎子，抢占北京或上海这两大制高点，才是最关键的事。

事后证明，他们的策略是成功的，第一家店在上海成功之后，名扬中国大陆，所有的好机会、好地点，都自动找上门来，这家公司现在已经是不折不扣的中国大陆第一大计算机卖场。

制高点的各种形式

抢占制高点，是现代竞争激烈的商场最重要的策略之一。当市场众声喧哗时，如果你和大家一样，要出头的代价极高、风险亦大。如果能抢占到制高点，那么有机会自动取得聚光灯，成为社会眼球的焦点，自然事半功倍。

制高点有各种不同形式：政治人物，要抢占理想、清廉、论述的制高点；高档商品要抢占高质量的制高点，进而取得高价的制高点；新商品则抢

占进步、新鲜或突破的制高点；科技产品则抢占先进科技的制高点。

每一个市场都会依各种指标，形成各式各样不同的排比与级别，制高点策略指的就是选择一项对你有利的指标，抢占那个龙头的优势，再强化这项指标的地位，自动形成眼光的聚焦。

对新公司或新产品而言，通常资源不足以打全面性的焦土战争，因而选择一项制高点，投下全部的资源，形成局部优势，进而形成产品差异化，这就是最聪明的营销操作上的制高点策略。

在中国大陆，制高点策略尤其重要。因为大陆幅员辽阔，再多的资源，相较于战场的大而杂，人的资源都是不足的。抢占关键的制高点，更是成败的关键。

前面计算机卖场的例子，证明了在上海成功，较诸其他任何城市都有价值。中国大陆以北京、上海为指标，在这两地成功，就等于在中国大陆成功。占领中国大陆市场，要从北京的中关村或上海的淮海路开始，剩下的只是时间问题。

理想亦是操弄制高点的最佳选项之一，诚品以文化理想进军台湾书店市场，虽然辛苦，但仍然获得认同，纵使赔钱，亦得到众多助力。印度圣雄甘地以理念著称，这又是另一种抢占理想的制高点策略。

做任何事都有制高点的选择，不论在工作、在生涯、在事业上，你是否抢占了制高点？值得大家想一想。

■ 后记

❶ 企业要经营成为最大的公司很难，但要在一项指标上领先，有策略就做得到，"我很小，但我很贴心"就是例子，找一个有高度的主题下手，创造新创事业的特色。

❷ 每一个制高点，都无法复制，也不会有第二人，所以每一个人都要重新寻找新的制高点。

创业第十二律：摸石过河律

- 没有剧本的演员
- 老板要先自己走出路来

◆ 创业第十二律：摸石过河律

定律解读：

（一）创业就是用很少的资源、不足的经验，探索风险极大的成功可能，因此可以规划、可以分析，但是不可能有明确的程序表、计划书，要有摸着石头过河的心情，在不确定、探索中找到方向。

（二）大多数人创业不成，是因为没把握，不敢下手，或者就算下手创业，也不敢奋力一搏，只敢浅尝辄止，这样创业，必定失败。

（三）确定自己的个性、创业决心；选定行业，确定此行业有前景、有机会；再确定关键成功因素，准备必要的资源，做出执行规划，这样就可大胆下手执行。只不过在执行中，要因时、因地、因狀况随时寻找最佳对策、最佳路径，绝不拘泥于原始计划，这就是摸石过河的方法。

适用时机：

创业全程，随时随地都要因应变动，调整对策。

没有剧本的演员

> 创业没有剧本,创业家随时要应变演出;创业没有地图,走出来就是路;创业也没有方法,有效就是方法。指南针可以告诉你方向,但不会教你现在怎么做,现在怎么做,你要自己摸索。

一个表现非常杰出的主管,被外派担任新事业的创办主管,我们对他的期待很高,因为他认真负责,全力投入,而且经验丰富。但结果与我们预期的完全不一样,这项新事业困难重重,计划一延再延,最后在他自己决定离职下收场。

因为爱才、惜才,我们花了很大的工夫,才让他同意回到原单位。回来之后,他仿佛又换了一个人,表现依旧良好,完全不像他在投入新事业时的窘状。

这个特殊的经验,让我一直在思考,到底发生了什么事?为什么会有这么大的差别呢?

后来有一次和一位成功的创业家谈到创业的经验,他说了一句让我彻底惊醒的话:"创业就是在没有路中能找到路!创业没有剧本,走出来就是路!"

我终于知道发生了什么事。工作者有两种:一种是需要剧本的演员;一种是没有剧本,自己能创造剧本的演员。创业家能摸着石头过河,自己写出剧本;但大多数工作者只能照着剧本演戏,有剧本,他可能是杰出的演员,没有剧本,一切都不成立。

这位主管就是需要剧本的好演员,在现成的工作上,他表现杰出;但要开创新单位、新事业,他不知所措,他会迷路!

主管要能分辨守成者与开创者

有剧本的事,是已知的事,是现成的事,是有规则、有流程可依循的事,一切都是可计划而透明的事,也是守成的事。面对这种工作,大多数人只要努力、只要负责,就可以做好。因为舞台已经搭好,演员只要上场,就可以演戏。

而没有剧本的事,是未知、是探索,有高风险,没有现成的路径与方法。大多数人面临这种状况,通常会担心、会害怕、会手足无措,就算原有能力再强,演出时也往往大打折扣,缺乏章法。

没有剧本的演员,是开创者、是探索者;有剧本的演员,是守成者、是执行者。所有工作者大约都可分为这两类,但大多数人属于后者,真正的开创者少之又少,或许数量就是"80/20 法则"中的 20% 吧!

作为主管,辨认工作者是哪一种人,是重要的事。让守成者、执行者安于工作,让探索者、开创者去测试新机会、新事业。用错了人,那就是一场悲剧;只不过这悲剧的责任百分之百是用错人、选错角色的主管。

至于主管,不论工作的内涵为何,通常都要具有"没有剧本"但能开创新局面的能力。就算你主管的部门是一个清楚且具有例行任务的团队,主管仍会被赋予一个新的目标,在高效率达成目标的前提下,主管要尝试新方法、找出新路径,这都属于开创与探索的事。因此升上主管,不管你的个性如何,一定要学会探索、学会开创,让自己变成一个能从没路中找到路的人。

▌后 记

❶ 每个人性格不同,没路能找到路的人,才是创业家。如果你要有既成舞台才会演戏,有剧本才能上场,那你不适合创业。

❷ 传统产业还有规则可循,但在网络世界规则不存在,先行者必须摸索、制定规则,才是网络创业成功的真相。

老板要先自己走出路来

> 在探索中,创业者永远要走在最前面,你不可能指望员工帮你找出路来,一定是创业者找出路、找出方法,教员工遵照执行。老板在困境中,面对新事务、新想象,一定要先自己走出路来。

一个创业中的老板,每天在生死边缘挣扎,因缘际会找到我,希望我能给点建议,我不敢妄下诊断,只能就问题回答。

他说,由于本业要改善很困难,且非一蹴而就,所以他想做一点相关业务,抢点钱应急。由于此相关业务与其本业正相关,而且有延伸效益,所以我非常赞同,但接下来我就不能认同了,因为他的执行方法大错特错,完全不可行。

他告诉我,他要雇用两个新人来执行此项目,这样才能专人专项,全力工作。

我说,用两个新人启动项目,注定失败,绝对不能在公司处境艰难时,做这么没把握的事。要做,只有一条路,就是老板自己先跳进去,完成第一个项目,走出路来,证实可行,并认定工作方法,再由其他专人接手。

这位创业者回答,他现在已满手工作,根本分不开身,不能再自己下手。我回答,如果这样最好放弃抢钱计划,因为假手新人,不可能成功,只会浪费时间、浪费资源,让他的事业加速衰亡。

▍老板永远是路径探索者

我的逻辑很简单:

第一,处境艰难时,做任何事一定要成功才能出手,根本没有任何犯错的空间。尤其是"抢钱"的想法，更不能有丝毫闪失。

第二，要启动任何新业务，风险很高，又不能失手，那一定要由最熟悉、最有把握的人担纲。这时老板是不二人选，既不会产生新的人事成本，又最进入状态，如此才能确保新业务成功率最高。

第三，用新人来负责新业务开发，除非找到有经验的老手，否则很难成功。但在公司处境艰难时，既出不起高薪，环境又差，绝不可能找到老手、好手，一旦用了无经验的新人，可能连简单的工作都做不好，怎能开创新事业呢？所以在这种情境下，增加新人，只会让他们去当炮灰，平白牺牲，而公司也会增加成本，不可能发挥抢钱的效果。

这其实是简单的策略思考，老板永远要认清自己的角色与任务，也要认清问题与工作的本质，否则随便提出解决方案，绝对不可能得到好的结果。

老板永远是路径探索者（path finder），永远是超级销售员，永远是关键困难的解决者，也永远要自己"先"走出路来，然后带领所有的团队走出迷宫、走出困境。

这样的思考，用在部门主管身上，也绝对适用。

正常时期，主管可以分工派职、调兵遣将，就算任用新人，逐步培训，也是常见的状况。

但是在困难的时候、在陌生的环境、在重要的事务、在危险的工作上，主管都不能缺席。不只不能缺席，还要身先士卒，用经验、用智慧、用全力投入，才能感动团队，共同面对困难。

老板或主管不需要万能，不需要会做所有的事，但要有清楚的策略思考，关键事务、危险时刻，绝对不可指望员工能帮你完成，尤其新员工更加不可能，自己先走出路来，才是最正确的解决之道。

■ 后记

❶ 这个老板听了我的话，真的自己动手，很快他就证实这个方法可行，并做出成果，其后他又扩大规模，增加新人参与，但成果都不如老板自己做得好。

❷ 老板是"泰坦尼克号"上最后一个跳船的人，也是引导所有人逃出险境的人，老板自己要有勇气摸着石头过河，不能靠别人。

创业第十三律：坚持律

- 老天捉弄可怜人
- 没日没夜过两年
- 整军备战之心，永不停息
- 时间在谁手上？

◆ 创业第十三律：坚持律

定律解读：

（一）创业一战成功是运气，遭遇困境是常态，绝不放弃、坚持到底是创业成功的因素。

（二）坚持的前提是前面12个定律你都遵守做到；你投入的事业应是正确有前景的行业，剩下就是时间来到的考验，所以绝不能放弃。

（三）坚持不是在创业遭遇困境时，才确定的答案，而是在创业初始时，就下定破釜沉舟、绝不退却的决心，所以当你决定创业时"慎始"，才能"敬终"。孙中山10次革命，绝不放弃，不是毅力，而是他确定这件事是对的，愿意"以身相殉"。

（四）坚持是治疗辛苦与煎熬的最佳良药。创业过程必然困难重重，当你没日没夜工作而感气馁时，坚持是最重要的信念。

（五）坚持也有例外，如果创业过程中，发觉原有的假设条件改变，发觉时空环境不对，发觉成功的关键因素自己完全不可能拥有，或者目标市场根本不存在，这时候就应该改变方法，或者撤退。这不是决心不足，而是理性分析的决定。

适用时机：

创业初期想清楚，下决心以身相殉不退却。创业全程中，始终如一，坚持到底。

老天捉弄可怜人

> 成功者是英雄，失败者是可怜人，而最可怜的人是在成功之门即将打开之际，却放弃退却的人。创业一旦过了不回归点，就不应放弃，否则可怜的人就是你。

买卖股票的人，都知道有一种绝对不能犯的错误，那就是在彻底失望时，冲动性地卖出所有的股票，这种行为完全不是出于理智的判断，而是一种寻求解脱、类似自杀的行为。

买股票的人一开始一定是理性地分析判断，不论买或卖，都在自己的情绪控制下作为。可是当股票骤然大跌时，投资人一开始面对亏损，是意外、是惊吓，但理性告诉他，要撑住，他仍然会分析大势，分析自己所买的股票，通常会继续维持原来的判断，保留股票，等待反弹回涨。可是如果不幸继续下跌，眼见越亏越多，自责越深，这时理性慢慢减少，压力越来越大。当越过自我控制的临界点后，理性崩溃了，这时候只想解脱，完全不顾伤害有多深。在失望中，冲动地卖出所有的股票，类似自杀的悲剧就发生了。

在失望中，为寻求解脱的冲动决定通常都是错的。以前述的股票下跌为例，只要不是结构性的营运逆转，股票总会涨涨跌跌，你等得够久，它就会反弹。问题是你一等再等，一忍再忍，却在承受不住压力时，彻底失望，不顾一切地卖出股票。经验告诉我们，经常会卖在最低点，当你卖出股票后，行情就开始反弹，好像市场就是要和你过不去似的。

▍可怜人在临死前还会被凌迟

老天确实喜欢捉弄可怜人，所有的逆境都是在考验每一个人，但每一个人的反应都不一样。而可怜的人在承受不住打击，决定做一次性的了断时，老天爷在这个时候，还会给你最后一击。这一击不是让你伤得更重，而是在你已经出局之后，给留在场上的人更大的奖赏，就好像在讽刺你不能撑到最后。你的悲惨对照的是别人的风光，命运之神就是用一线之隔、一念之差，分别天堂与地狱，可怜人永远罪加一等，临死前还要被凌迟、捉弄。

可怜人有机会不被命运之神捉弄吗？当然可以。只要不失望、不绝望，不在坚持到最后一刻时，忍不住压力，做出自己了断的决定，那命运之神就无从摆布你。

或者应该这样说，没有人天生是可怜人，每个人的机会都一样，每个人的困难也都一样，能历经上天的考验者，就是成功者；不能坚持到最后，迎到雨过天晴的人，就是失败者、可怜人。因此，只要在最后一刻撑不过、想不开的人，悲剧就降临在他身上，他就是那个被老天捉弄的可怜人！

许多成功的人回忆过往，也都有不可思议的悲惨过程，他们的成功，是因为他们挺得住，不在最后一刻、最困难的时候决定放弃，他们拒绝命运的捉弄，拒绝成为可怜的人。

每个人都会遭遇逆境，每个人也都会陷落；每个人都会努力与命运之神搏斗，每个人也都尝试坚持到最后，不肯放弃、不肯投降，到这里大家都一样。但接下来就分隔天堂与地狱，无法继续坚持、先放弃的人，就是命运之神要找的倒霉鬼，被老天捉弄的可怜人出现了，其他人也就解脱了！

■ 后 记

❶ 放弃有时只是因为一时想不开，这就好像一个人自杀一样，如果有机会重来，很多人不会自杀，所以放弃之前，多给自己一点时间，不要冲动决定。

❷ 如果基本面不错，所有的股票其实都是涨涨跌跌，只要能忍、能等，最后都会有好结果。

没日没夜过两年

> 每个人都有理想,但不是人人都经受得住现实的煎熬,熬不住辛苦的人、体力不胜负荷的人、心智不坚的人都不能经受时间与现实的考验。
>
> 坚持要有信仰支持,要有理想相伴,不是口中说坚持就能做到的。

一个慕名而来的应征者告诉我:"何先生,我想跟你学出版,不论做什么事我都愿意,只求你愿意教我、收留我。"

我问他:"你真的什么事都愿意做吗?你知道这可能代表你要没日没夜、暗无天日地工作两年吗?你知道,你可能没时间约会,你可能不太有时间休假,更可能被不公平对待吗?"

我说"两年",是有原因的,我要训练出一个可以独立运营的出版人才,"两年"是一个完整的循环。我告诉所有应征者,如果你想学出版,给我两年,我可以给你各种出版历练,除了创业所需要的金钱我不能给你外,所有的能力我都可以给你,你会变成一个完整的出版经营者。而其代价就是"没日没夜过两年",无怨无悔地投入学习。

大多数人谈到这里,都会大义凛然地说愿意,并期待自己能用两年的投入,换来完整的出版历练。

但是真正能走过两年关卡的人并不多。走不过不是他们离职,而是他们仍然在工作岗位上,但背弃了没日没夜的盟约。

自动自发实践自己的人生目标

其实,我没办法给任何一个同事斯巴达式的命令与要求,我顶多严格一些，但不可能是不合理的魔鬼训练。我期待的是，我不断地给工作，而工作者不断地准时、努力，并超额快速完成，我就知道"孺子可教"，我知道我可以给更多的工作、更大的期待，当然工作者就需要更大的投入、更大的努力才能完成，这是一个相互挑战更大极限的过程，如果有一方停下来，这个考验就结束了。

当然停下来的不会是我，因为下指令、提要求，对我而言轻松愉快；停下来的都是被我教导的工作者，当他们的步调放慢，我知道他们面临了考验，我不愿提醒他们，我要求的是自动自发，他们要在自我管理的前提下，完成两年"没日没夜"的魔鬼训练。

我不愿做任何"提醒"是有原因的，因为我要的是一个能独立工作、独当一面，对自己有高度成就期待的人才，而不仅仅是一个只跟着我做事的部属。

我当然也知道，如果我强势要求，也许有些人会重新跟上脚步，但是我知道这并不是他们自动自发的结果，太强求说不定会弹性疲乏。顺其自然吧！

到现在为止，真正走过这"没日没夜过两年"考验的人很少，而且这种人通常有更大的创业能量与动机，他们虽然只是工作者，但我体会得出他们内心高度的目标与成就动机，他们不只是遵循我的命令工作，更是在实践自己的人生目标。

答案很清楚：一个有高度成就动机的人，从工作一开始就表现了全力以赴的诚意，他不会抱怨辛苦，他可以衔枚疾走，"没日没夜地过两年"，是一个创业者必经的磨炼。

■ 后 记

大多数人没成就，其实只是"好逸恶劳"这个简单的毛病，"没兴趣"、"这不是我所想要的人生"，只不过是推托之辞罢了。

整军备战之心，永不停息

> 每个人都有脆弱的时候，所以外在的制度、团队的规范就是鞭策每个人不能停息的力量。创业中，把整军备战的信念，变成团队共同遵守的准则，可以使个人免于半途而废。

我永远忘不了在《中国时报》8年当记者的日子。

忘不了的原因是那8年每天都在作战，每天睁开眼、翻开报纸，就是一场胜负，不是输，就是赢！赢了虽然高兴，但立即要提防对手明天讨回来；输了虽然是丢脸的事，但只要明天重拳还击、讨回颜面，也就可以弥补。记者是每天都在战斗的工作。

那时候，《中国时报》与《联合报》，双方都号称台湾第一大报，双方的记者也都以第一大报记者自居。为了维持第一大报的颜面，每天都要有独家新闻，因此每天翻开报纸，就有输赢。两大报记者间的战争，每天都在上演，每则新闻都关系着发行量的消长、读者的变动以及记者的颜面。那是每天刀光剑影、近身肉搏的日子，杀人与被杀就在一线之间。

这样的工作养成了我面对竞争，绝不妥协、永不放弃、不畏战、不惧战，随时作战的心理素质，在任何时候，我都斗志昂扬，随时准备宝刀出鞘。尤其当面临面对面的竞争时，我不断告诉自己：不要轻启战端，因为兵凶战危。但整军备战之心，永不停息，随时都要做好应战的准备。这是我经营企业、带领团队，每天不能或忘的基本态度。

知战、应战、准备战

企业经营，不见得随时随地都是这么血腥的竞争。大多数时候，可能是每个企业各做各的，只要守住自己的城池，就可以存活，有一碗饭吃，与同业彼此互不侵犯。

但经常在某些关键时候，也会转变成一对一、面对面，非得分出高下，甚至只有赢家存活的血腥场面。这个时候，企业经营者就完全没有谦虚退让的空间，迎战变成唯一的选择。客气只会丧失先机，让敌人有可乘之机，使自己陷入万劫不复的绝境。

因此，从创业的第一天开始，"整军备战之心，永不停息"，就是我的座右铭。我之所以会如此警觉，如此充满战斗意志，完全是拜8年记者生涯所赐。

这是我值得庆幸的地方，因为我发觉并非所有的创业都能彻悟市场竞争的惨烈，也不是每一个经营者都能知战、应战、准备战，而且不畏战、不惧战。

有些经营者心存浪漫的和平共存想法，如果市场够大，竞争不激烈，这当然无可厚非。但环境随时会改变，浪漫时光会过去，经营者不能不知战、备战。

有些人虽然知战，但却畏战、惧战，这是性格使然。这种经营者在面对竞争时，往往采取消极避战作为，用退让换取存活空间，但是退让往往不能换取和平，只会得到侮辱，畏战的领导者只会给团队带来灾难。

"整军备战之心，永不停息"，对内传达的是我们团结一致、努力不懈的决心；对外则是告诫所有对手，我们已有万全准备，轻启战端，只会引来灾难。更重要的是，这代表了我们必胜的决心，我们随时都斗志昂扬！

■ 后 记

在有明确对手的创业中，锁定对手作战是简单的制胜方法，用敌国外患来自省自励，是最好的免于放弃的方法。

时间在谁手上？

> 当创业遇到困难时，如果知道这个行业是未来明星行业，市场会越来越大，而且知道时间在我们手上，只要坚持，就终会守得云开见月明。

看遍商场的浮沉兴衰之后，我常感慨生意没有对错，只有进出场的时间错误，才导致失败，因此除了思考生意本身正确与否以外，更重要的是思考时间因素。

以我所从事的文化传播媒体行业而言，现在要创办任何新的平面杂志，都是不正确的时间，因为数字世界来势汹汹，眼看着所有的平面媒体都受到数字内容的威胁，因此创办新的平面杂志，都要与时间赛跑，快速成长获利。限期回收所有的前期投资，是创办一本新平面杂志最重要的思考。

这是为什么现在我们要启动任何平面杂志的新计划时，都要考虑再三，精准地计算所有的时间，包括：前置准备期、培养亏损期、损益平衡期，以及稳定获利期，而且要尽量压缩时间。一旦计划的时间拖长，一切都会失控，无法预测。

这代表这种类型的生意，时间不在我们手中。时间在与我们为敌的环境手中，时间越长，对我们越不利，如果不能限期完成计划，定时炸弹就会引爆，一切投入付诸东流，这时就是极危险、极麻烦的生意。

可是相反的，如果现在我们创办任何数字新媒体，那情况完全改变，时间就在我们手中，只要我们活得够长，美丽新世界就在等着我们。

理由很简单，数字世界会越来越成熟，使用者越来越多，数字生活形态越来越普及，因此数字媒体的市场一定越来越大。时间在所有经营数字新媒体的人手中，成功与否的关键在于是不是活得够长，等到市场成熟发展。

在大楼崩塌之前抽身而退

这是特殊的例子,当环境的改变不大时,时间通常会被忽视,有气派的生意人,甚至会刻意淡化时间因素,国泰集团创办人蔡万春就说:"再坏的时间,都有人赚钱;再好的时间,都有人赔钱。"这强化了主事者的决心、能力、毅力,而时间是可以被掌控的因素。

但是以现代世界的瞬息万变,时间有时候已变成不可改变的因素,尤其在高科技产业更是如此,因此除了思考策略、生意模式、资源配置之外,时间变成了另一个不可忽视的要素。

时间到底在谁手上,是经营者必须仔细想清楚的关键。每一个事业不是上升就是衰退,环境不是变好就是变坏,但如果环境变动不是景气循环(景气循环对企业经营影响不大),而是不可回复的变动。就像网络世界逐渐改变人类生活习惯一般,这就是人类无力抗拒的变动。面对这样的转变,时间就会变成最重要的因素。

做的是发展中的未来事业,时间在自己手上,想的是撑过萌芽期,成功就会来;如果做的是没落中的传统事业,想的是倒数计时抢到钱,速度要快、收山要早、转型要决绝,因为时间在环境手中,我们要在大楼崩塌之前及时抽身而退!

后记

❶ 顺势而为是最聪明的方法,跟着趋势、潮流,做未来会兴起的事,最容易成功。

❷ 但做未来的事业,很可能太早投入,你等不到市场勃兴之时,这时就要坚持。

Part 3 创业私房心法

每个创业者都急着学方法、学成功秘诀，
但时空环境不同，方法就未必有效，
真正可学的是创业心法。

创业准备

成功的创业从好的创业准备开始,失败也可能从准备时就已注定。所有的创业者不可不慎始。

创业准备包括几项不同层面的工作:

(一)彻底了解创业的本质、创业必备的要件、创业成功的要素,这是对创业全方位的心理准备。

(二)确认自己的人格特质:优点、弱点,是否具备足够的创业性格?以及确认自我的创业决心:是否准备好面对一切创业的挑战?

(三)选择启动创业的行业,准备销售的商品或提供的服务,估测此行业的现状及未来发展趋势,了解已存在的竞争对手,以及潜在的替代商品。

(四)规划创业规模,准备相关的资源、人员、资金、生财设备、团队,并完成创业流程及时间表。

(五)设想创业失败时,可能的伤害及救急方案,以备不时之需。

这一章就是从以上各层面,探讨创业准备时应该注意及彻底执行的工作。

创业性格自我检查表——创业九宫格

> 常言道：性格决定命运。虽非绝对真理，但有其可参考之处，创业要面对各种复杂环境，创业家的性格也有特殊之处，这九宫格可供创业者进行自我性格测试。

在百年一遇的金融海啸及全世界的不景气风暴之下，台湾失业率又创新高，无数人在一夜之间丧失工作，在百业萧条的状况下，很可能再也找不到合适的工作，许多人因此不自觉地走上创业之路，未来可能发生"逼上梁山"的创业热潮。

作为一个永远的创业者，看到可能的创业热潮，我喜忧参半，少数人可能因此展开梦幻人生旅程，但大多数会陷入更痛苦的深渊。在这十字路口，该如何趋吉避凶呢？以下是一份创业性格的自我检查表，这是一个九宫格，分属三个层面：中间的3个是核心价值层面，由诚信向上向下延伸至俭朴与自律；右列3个是冒险性格的层面，分别是好奇、乐观与挑战；左列3项则是工作层面，分别是学习、努力与坚持。

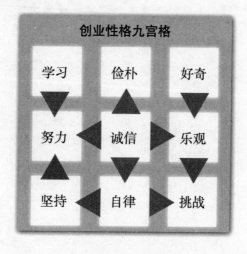

创业性格九宫格

诚信是最重要的核心

能不能创业，首先要检查你的核心价值正确与否，从九宫格最中间的诚信开始，你是否拥有最基本的做人原则，这是你能否被人信赖的关键。创业是要卖产品或服务别人，没有人会向自己不相信的人买东西，因此创业最重要的核心要素就是诚信。接着从诚信向下延伸到自律。你懂得做人的道理，还要能够自律，能控制自己的行为，严格遵守所有的规则，从道德，到法律，到公司组织规章，到职位工作准则，让自己变成一个有纪律的人。自律之所以重要，是因为创业是自己做老板，不会有他律，如不能自律，你创办的事业一定乱成一团。俭朴也是另一种自律，对生活方式，对钱与资源运用的节省与效率，这是创业的另一种核心价值。

创业的冒险性格层面从好奇开始，好奇是天生的特质，看什么都有趣、都想了解、都有研究之心。创业一定是创新，不创新的创业，成功的机会极低，创新源于好奇而引发探索。乐观也是另一种天性，看任何事都美好，都相信会成功。即使面临困境，也不会丧失信心，能持续努力。创业是想象、是做梦，没有乐观就不会有梦想、不会有实践。而乐观会延伸到挑战，对自己有信心，相信自己能完成，愿意尝试更困难的工作，愿意测试自己能力的极限，这就是挑战。创业最不缺的就是挑战，每天、每件事都是新事物，都是挑战，更何况"获利是风险的报偿"，没有挑战，风险不高，获利也就不大，所以面对挑战是创业重要的要素。

最后三项是工作层面：学习、努力、坚持，也是老生常谈的观念。学习是创业所需要的能力的来源，因为学习，能力就算不足也很快会补强、会学会，所以创业的九宫格中没有能力这一项，只要能学习，就没有不会的事。努力工作，是创业执行的关键；坚持则是创业面对困难、面对危机时绝不妥协、绝不退让的性格，都是创业者必备的要素。

这个创业性格九宫格，所有创业的人都可逐项比对自己的个性，其中诚信一项不能或缺，其他8项，只要具备4项以上，就可以考虑创业，但少于4项，则不能贸然行事。

■ 后记

❶ 没有人在这9种性格中得到满分，所以自我检视有所不足，不必就此退却，只要明了欠缺，能自我调整补足即可。

❷ 其中"挑战"的性格，比较难以立即学会，而是在过程中慢慢磨炼而成，只要经常处在危机中，自会逐渐适应。

创业核心三要素：人、钱、方法

本人、本钱、本事是创业核心要素，没有钱不能创业，但要创业成功，重点在"你准备好了吗"，而不是钱。

这一生，我的前几次创业都以失败收场，尤其是20世纪70年代初期，我生平的第一次创业——青年商店（超市及便利商店的前身），更是一个偶然，在几个兄弟姐妹的热心参与下，这个店就开张了。虽然这个店存活了很久，但最终以悲剧收场，几十年后我回想这一段过程，才发觉创业所需的核心要素，除了钱之外，另两项我完全没有准备好。

对照这个经验，有读者问我，他想创业，但缺乏资金，是否无法付诸实施？我的回答则是，"钱"不是关键成功因素，问题是其他关键成功因素你准备好了没？

什么是创业核心要素？俗话说：本人、本钱、本事，是创业关键因素。没错！就是这三项，但我把它修正为：人、钱与方法。而我的第一次创业，缺的就是人与方法，所以虽然有钱，最后还是失败了。

人，是关键成功因素

这三要素中，最不重要的就是钱。我们听过太多类似的创业成功故事：有人借了3万元创业，有人从10万元起家，还有人更夸张从一文不名开始，总之，钱只是点火的火种，只要你想，都有机会用各种方法取得。当然如果你其他要素都具备，还会有更多的人愿意投资你、协助你创业，其正确的说法是搭你的便车，靠你赚钱。

所以，钱是创业三要素中的必要因素，但不是关键成功因素。

关键成功因素是人，次关键成功因素则是方法。

人决定了创业的一切结果。人又可以分为两个不同的元素，一个是态度（或本质、性格），另一个则是能力。

态度指的是创业者的性格、价值观、想法、观念，也就是一个人的内在信仰，你是悲观还是乐观，你是进取还是保守，你是全力以赴还是得过且过，你是坚韧不拔还是退却软弱，你是认真学习还是好逸恶劳，你是目光远大还是短视近利……这些复杂的性格、价值观，构成了你是什么人？你会用什么想法看问题？你会用什么观念做事？

如果你的态度正确，你的能力很快就会增加，因为能力是学来的，正确的态度，会促使能力成长，所以人的因素中，态度又决定了一切。

至于另一个关键成功因素——方法，又可展开为行业、know-how 及生意模式三项。创什么业，用什么方法创业，需要什么 know-how，都是方法。

当然要选择有前景的行业，又要掌握这个行业的关键技术或 know-how，还要找到清楚的生意模式，这都是方法的一部分。

而行业选择又是方法的关键因素，因为 know-how 与模式都会随着行业变动，只不过创业者选择行业时通常会受限于习惯与熟悉，就算所熟悉的行业前景不佳，创业者也不见得会放弃，仍会在熟悉的行业中创业，这时候 know-how 及生意模式的创新，就会变成关键成功因素。

每一个想创业的人,都应该想清楚这三件事:人、钱与方法。

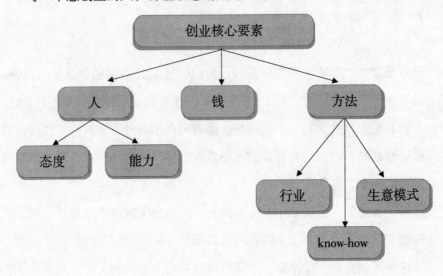

■ 后记

创业前,你需要根据这个创业的要素金字塔,进行资源盘点,确认自己缺什么,不要只看重钱。

创业从打工开始

伟大的人,从小就透露不凡的气质;真正的创业家即使还委身在别人的企业中,仍会不断自我学习,虽然是员工,已经开始准备做老板。

一个年轻人问我,他有很强烈的创业冲动,长久以来心中一直有创业的呼唤,但他不敢付诸行动,因为他不知道自己的性格合不合适、能力足不足够,可是创业的想法长期以来让他不安于位,无心工作。

这是我听过最坏的创业剧本。理论上，打工、上班、领别人薪水，这是最重要的创业准备期，而这位年轻人却因起心动念创业，而耽误了最重要的创业学习历程。

我在历经两次创业尝试失败后，开始死心塌地地上了8年班，暂时把创业的想法放下，全力学习当员工，也全力看老板如何当老板，这是我最重要的创业准备过程。

所以，我创业的第一步是从打工开始。

大多数人都不是天生的创业家，都不明确知道自己适不适合创业，大约有90%的创业者，第一步都是从打工开始的。统一集团的创业核心人物高清愿，就在台南帮的纺织企业打工了很多年，但他决心创业时，所有台南帮的有钱人全都投资他，统一公司就这样很快组织起来，然后高清愿用他在打工时所学的能力，让统一变成台南帮的金母鸡。高清愿的创业，是从纺织业的打工开始，但却创立了食品事业。

这说明了一件事，打工不只学到特定行业的经营能力，更学到创业的专业。

所谓创业的专业，指的是态度、心法与如何当老板，这是用在每一个行业都合适的基本创业概念。

先学当最好的员工

如果你真有心创业，而又不是那种即知即行的天生创业者，那就从打工开始。第一步就是确立创业的想法，然后暂时放下，全力学习打工经验。

全力以赴学打工，变成最好的工作者是创业的第一步，高清愿就是这样学会所有的能力，得到所有的肯定，当然也完成了一呼百应的募资工作。

"身在曹营心在汉"是最大的悲剧，想创业，无心工作，结果是两边不是人，什么也做不好，所以把创业摆在心中设定的几年后的未来，但现在全力打工，告诉你自己，现在所学的事，都是未来可以少缴的学费。

心中有创业念头，这又是另一个创业学习的关键。为什么许多好的工作者，打工了一辈子，也创不了业？因为他们心中没有创业的想法，当然打工再久，都学不会当老板。

心中有创业定见，就算在打工中，看的都是老板的方法，想的都是老板的思考，学的都是老板的作为，这是有心的定向学习。做所有的事、所有的决策，都会去探究其然与其所以然，这样追根究底地从老板的态度想事情，学会的就是前面所说的创业的专业，也就是做老板的专业。

所以想创业的人，第一步先学会当最好的员工，但要带着"我如果是老板"的心情，来观察、学习，从打工开始学创业，但绝不能心猿意马，空想创业。

■ 后记

> 在我带领的团队中，我可以轻易分辨出谁是具有老板潜质的员工，我也可以确定谁永远都只是员工，可见纵使在打工时，每个人的命运已经不同。

天生创业家的秘密

> 有人是天生的创业家，不但第一次创业就成功，而且在个性上完全吻合创业的需要。但大多数人的创业是学来的，甚至性格上可能也不适合创业，不过只要有心，成功创业仍大有人在。

25年前，我第一次当朋友婚礼的总招待。我爽快地答应朋友的请托，心想也就是在喜宴上招呼亲友吧，反正他的朋友我也都认识，这应该很容易。

没想到，到了婚宴前一个礼拜，这位新郎交给我密密麻麻的几张纸，分别是结婚当日的流程表、婚宴的流程表、所有工作人员的分工表和联系电话，以及必须注意的事项。他要我仔细研究，如有不足再商量。

以我当时刚刚进入职场的经验，这是我完全没想过的，一个看似简单的事，可以有这么多复杂绵密的规划，弄得我也紧张起来，当然也努力地沙盘推演一遍，但怎么也没脱离这位新郎的规划，婚礼顺利举行，一切都在掌控中。

这位新郎与我共事一段时间之后，就自行创业，他的创业在我看来更是奇迹。他从事的行业，在台湾刚开始萌芽，他几乎是行业的先驱。但他顺利地走出一条路，成为最好的本土公司。接着他又开创新局面，从一家公司变成好几家同类型公司。所有的人都说：同时拥有这么多相互竞争的公司，做一样的生意，一定不成。但他又让大家跌破眼镜，而且越开越大，40 岁就赚足了所有的钱，然后把公司交给职业经理人经营，自己游山玩水、钓鱼，成为悠闲的员外郎！

我记起这个故事，是 20 年后的事，当时我创业不成，每天都在煎熬中。我再度遇到这位老友时，他逍遥自在。我开始比对我俩的差异，就想起这段经验，这就是他拥有而我缺乏的地方，这应是他创业如此顺利、是个天生的创业家的秘密。

绵密的规划与执行力

这个秘密是什么呢？绵密的规划与执行力就是答案。但这样文绉绉而且有学问的答案，对我不够用，我需要更明确有用的解读、更精确的工作方法，才能改变我所处的困境。

严格来说，规划与执行力我也不错，但我缺乏的是像他一样绵密的沙盘推演，并把所有的可能写成精确的工作手册、流程表、分工表，以及文字化的书面计划，而这样的工作方法，又是精准的执行力之奥秘所在。

我开始学习这样的工作方法,不只是把每一件事情想清楚,并把每一件事情的工作细节展开、再展开。从工作计划大纲,到细部行动方案;从核心工作流程,到子流程;从核心能力,到关键成功因素,到KPI的拟定。这些名词,都是我事后慢慢从管理学的书中一点一滴学习而得。我终于知道,我朋友当年所做的事,其实是有学理依据的,只是他没经过管理训练,但却自己能摸索出一条有效的经营方法。

我终于知道,不见得每一个人都是天生的创业家;但经营可以学习,而其方法就是在事前规划与沙盘推演。

如果能写出具体的工作计划,并且有效地一步步检视计划,也就是执行力细节,就可以确保执行的结果。这就是执行力,也是把浪漫的创业梦,化为行动方案的过程。行动前先写出完整的计划细节吧!

■ 后记

❶ 这个朋友现在仍然过着员外的生活,并没有在创业成功之后,就犯下错误,我不能不承认老天爷对他十分厚爱。

❷ 大多数人创业都历经波折,受尽痛苦,或许这样的成功才更珍贵。

想成功还是想失败?——乐观与审慎

创业隐藏极大的风险,也隐藏极大的机会,想成功与想失败都成立,只是两者各有不同的适用环境:既要想象成功,才有动机创业;也要分析失败的可能与原因,才能避免失败。

一个年轻人在我的博客上留言:他看到两种截然不同的理论,感到困扰，一种是华人首富李嘉诚的说法，凡事花 90% 的力气想失败；另一种说法则是许多励志老师的理论，要多想象成功，最后才能成功。

这是两种截然不同的说法，似乎都有道理，但又相互矛盾。到底是该想成功，还是想失败？

看到这则留言，我感触良多，因为有太多的读者问过类似的问题，有必要一次彻底讲清楚。

首先说明，这两种说法都正确，但适用情境不同。李嘉诚的说法是以一个企业家的角色，谈论经营事业与投资事业。在进行投资规划时，李先生强调要先想象失败，假设他承受得起失败、假设他有能力应付失败、假设失败不会让他伤筋动骨，才会考虑投资。这是在事前的风险评估上，他放大失败的因子，以彻底了解失败；能管理失败，才能进一步享受成功。"诸葛一生唯谨慎"、"小心驶得万年船"，都是李先生经营事业的名言。

至于所有的励志书、励志老师的说法：要想象成功，则是通用于整体的人生态度，强调要正向思考、要乐观看待一切，对未来要有信心。当我们乐观地想象成功时，我们的一切行为都会向成功迈进，最后成功的几率就会变大，就更容易成功。

这种"想象成功、迈向成功"的说法，是相对于悲观与逆向思考而言。当人沉湎于哀伤与负面的情绪中时，所有的状况都是不利的，你无法用最好的自己，面对外在的变动，当然失败与失手的几率就会提高。

想象成功，让我们拥有最佳的心情、最佳的体能、最佳的斗志，当然我们有机会获得最佳的结果。

分辨成功与失败间的冲突

结合李嘉诚和励志书的说法：李嘉诚的人生态度也是乐观进取、想象成功、追逐成功的。但在进行新事业投资时，他会谨慎评估、设想失败的可能和原因，并严密管控失败，当他确定能有效管理失败时才下手。这两者完全

不冲突,各有不同的适用前提及情境。

乐观进取、正向思考、想象成功,是永恒的人生态度;而考虑失败、计算失败,只在进行投资精算时适用,就算当下精算有失败的可能,其人生态度还是乐观进取的。

应该这样说:每一种理论、说法,都有其假设、前提与适用范围。因此看到任何说法,不只吸收其结论,更要仔细了解其前提假设,才不致混用、误用。有时候这些理论像法律,有的级别高、有的级别低,适用有先后、有主从、有大小,尤其当产生说法上的冲突时,就得进一步分辨。

我最怕遇到爱读书,但又消化不良的人,这种人把所有的知识都全盘接收,就算有所冲突,也不加分辨,结果不是用错知识,就是自相矛盾。知道分辨成功与失败的冲突,才是真正融会贯通的开始。

■ 后记

❶ 如果你现在一无所有,而想启动创业,其实你不需要想失败,因为"Nothing to lose",此时你应想成功,这是你奋力一搏的动力。

❷ 如果你现在已有家业,还要加码投资,这时你应仔细想失败,因为你要为现在的团队、家人负责,失败会使他们一无所有,你不能一意孤行。

关键的课程,不能教,只能学!——自己找答案

不会有两个人用同样的方法创业成功,这代表成功不能复制,每个人都有不同的境遇,老师教不会学生,除非学生愿意学。创业者要用自己的方法走出路来,没人能告诉你标准答案。

刚刚创业的时候，很快地就深陷泥淖，每天都面临灭顶的危机。那时四处寻求解答，一个新闻界的老前辈，被我们请来提供意见，他在了解我们的状况后，说："你们太忙了，要懂得授权，自己做太多事，根本没时间思考。"他还告诉我们，在他的公司里，那么多员工，但他只和两个人说话，所有的事情，都由这两个人去执行，他完全不管例行的事。

那时候，听完这个前辈的说法，我完全不能理解，这对我们当时遇见的状况而言，根本是天方夜谭，不但事情做不完，也做不好，如果我们不自己动手做，一切根本不可能完成。我怎么可能只跟两个人说话，让他们去完成所有的事呢？

可是20年后的现在，我大概就是这种状况。每一个营运单位，我只跟一个人说话，放手让这个人去做，我绝对不要插手，这就是当年这位老前辈所说的话。20年前听不懂，现在我懂了，但这不是老前辈教的，而是我自己学的。我用心学、用身体力行学，我用20年的痛苦实战学、用无数的错误与尝试，交织出这个看起来很简单的结论。

现在我很清楚，许多的课程是无法教的，只能靠自己学出来。不管再好的老师，再认真教学，只要学生不在那个互动的交集点上，学生永远学不会。这并不是说学生不认真，而是学生的情境，让他们不能学，也学不来。

以我刚创业的情况，我很想学，也确定这位老前辈的说法是对的，但我们当时的状况，根本没法学，也不能照着做。但现在我知道，老前辈说的是组织健全的理想情境：制度井然、人才不缺，上位者只要放手，公司就可自行运作。但这是结果，我要历经很多调整，很多年后才能到这个境界。

用心力行，找出自己的答案

不能教的第二个因素是：永远不会有第二个人用同样的方法成功。每一个成功的先行者，都可以讲出成功的道理、成功的原因、成功的方法，但这

都是基于他当时所面临的处境,所产生的因时、因地的作为。不会有两个人面临完全一样的情境,因此别人成功的经验,后学者无法复制。我们无法期待"过去的老师,用过去的经验,教导现在的学生,以解决未来可能面对的情境",这些时间的差异,就可以证明老师教的不一定有用。

而我自己又如何学出来的呢?我不断地摸索、不断地询问、不断地尝试、不断地根据当时的情境做出应变,只要有成果,就继续;只要没成果,就换方法。这时候老师教的、前辈说的,都可能被我拿出来尝试,都可能是方法,但顶多也是用其局部,不会照单全收,所以我找到的方法,都是自己学出来的。我确定人生最关键的一课,不能教,只能学。要自己用心、用身体力行,用一切可能去学出来。

"不能教,只能学",不是要否定老师的功能,而是要强调自己的体会、感受与应变。老师只能点醒、只能导引,绝不可能给你标准答案,标准答案要你自己去找、自己给!

■ 后记

> 每个创业者都急着学方法、学成功秘诀,但时空环境不同,方法就未必有效。真正可学的是心法,如创业的决心、毅力、理想、破釜沉舟、全力以赴等,这些是看来无用,但真正可学的创业心法。

数十年如一日——谈创业者的自我控制

> 创业的老板主宰一切,主宰公司、员工、生意,也主宰自己,自我控制,变成老板最大的守则,管不了自己的人不能当老板。

小时候，老家的左邻右舍及亲戚们都是"做山"（闽南语）的农夫，有的种橘子，有的种竹笋。当时村子里的所有人都夸奖一位远亲，说他是最勤劳、最认真的人，而且告诫所有的小孩，长大要像这位远亲一样勤劳认真。

印象中这位远亲每天都会从我家的路口经过，早上天刚亮上山，下午天黑时下山。他的穿着很简单，就是农夫的工作服，肩上永远挑着一把锄头当扁担，一头担着小竹篮，里面一看就知道是便当、毛巾及小工具等；下山时通常会多一些当天的收获，或者是青菜，或者是水果。不论刮风下雨，他从来不间断，我从小到大，都见他每天上山工作，数十年如一日。

那时候，听多了所有人对他的夸奖，但内心体验并不深刻，长大后回想这一段，对他备觉尊敬。我终于知道，为什么村中其他人的生活都不好过，而这位远亲家境一直不错，因为他每天都认真工作，做一个自给自足的农夫。

我尊敬他的自我控制，农夫并没有老板，也没有外在的限制和要求，而田地如果一天不做，也不会有立即的伤害，每天做多一点、做少一点，完全存乎一心，自己可以做决定。因此村子其他的农夫，认真地照季节工作，只要跟上季节做事就好，很少人每天都上山工作；而不认真的，做一天休一天、休两天，收成当然不会好。

要每天上山、照表操课，不畏刮风下雨，完全要靠自己的自制力，没有任何外界的要求、限制与压力，这几乎是圣人的境界，数十年如一日，持之以恒，说来轻松，做起来绝对不容易。

自律是创业者的基本条件

体会到这件事的可贵，是我自己创业以后。作为一个工作者，我一向以高效率、高工作能量受肯定，但这是在组织的规范、老板的要求、同事的压力之下，我不得不努力地完成所有的工作。可是当我变成创业者，我变成制定规划、制定工作目标的人时，我几乎乱了方寸。被别人管很容易，管理自

己，我容易推托、延宕、错过时间，我控制不了自己，当然也无法有效地带领组织。

我终于知道自我控制有多困难，当你自己当家做主，上头不再有人，你可以决定所有的事的时候，你面对的不只是外在的困难，你更要面对自己的随兴、自己的软弱、自己的随心所欲，而这些内在的魔鬼，只有在你自己是老板时，它们才会肆无忌惮地作乱，如果你管不住它们，你注定要失败。

大多数人把管理交给别人、交给组织、交给老板、交给外在的规范、交给法律、交给别人对你的制约。这都是按照外在设定好的路径向前走，你只要逾越，就会有人吹哨子，甚至有人会处罚你。可是当家做主是另一件事，如果你要创业、要当老板，先想一想那个数十年如一日的农夫吧，你能和他一样自动自发吗？

■ 后记

❶ 一个老板告诉我，他一生都在"坐生意的监牢"，话中充满无奈，他赚了许多钱，但也赔上了自由。

❷ 在严密的外在控制下，没有人知道自己有多么软弱、多么随兴，在创业之前，先确定自己能自我控制。

柔软是创业的必修课

创业是以成功或失败作为终点，在生意面前没有人能率性而为，也没有人可以"争气不争财"，创业者学会柔软，学会妥协，这才能获得最大的生存空间。

我永远忘不了二十几年前的那一幕：在"经济部"的一个小科长办公

室,那时我还是记者,正在和这位科长聊某一个新闻,从外面闯进来一位西装笔挺的人,老远就朝这位科长立正敬礼,嘴上说着:"科长好!"耳中还传来他双脚并拢立正时,皮鞋互撞的响声,显然那是极标准的立正礼。

我几乎不敢相信我的眼睛,这个人正是当年叱咤风云的黄豆饲料大王,我印象中都是他意气风发、不可一世的样子,但那一天他却恭恭敬敬地来向小科长报告事情。事后我知道,他的生意遇到困难,需要这位科长帮忙。他用最谦卑的姿态,表示最大的敬意。他的柔软度,让我这个旁观者吓了一大跳。

我也还记得另一幕:

张忠谋刚回台湾创办台积电时,我们有一次采访他,问了一些与采访主题无关但敏感的问题,他十分生气!站起来掉头离开,我们一时不知如何是好。但没几分钟后,他回来了,除了表示不好意思之外,当天几乎知无不言、言无不尽,采访十分顺利。这是我见过的另一个大老板的情绪管理与柔软度。

一个主管向我抱怨,某一个客户有多难伺候,是标准的难缠客户。他告诉我的目的,是准备把这个人列为拒绝往来客户,希望我谅解。这个客户我十分了解,也确实十分不讲理、脾气不佳,但是生意还算单纯,其实你只要多讲几句好话,摸顺了他的毛,生意并不难做。

做生意先学会弯腰求人

我很清楚,问题不在这个客户,因为客户有讲理的吗?你要做他的生意,当然要摸顺人家的脾气。问题在这个主管也是个杠头,十分"正直",他认为他对时,绝对不肯妥协,问题是大多数时候,他所坚持的事,并不是是非对错的问题,只不过是他个人感觉不好。当然有时候也会遇到别人真的有错,那他就更暴跳如雷。

这样的年轻人,我看得太多了,包括我自己在内,都曾经如此"正直不阿"，棱角分明。年轻时，我经常坚持自己的"道理"（其实是感觉），遇到不合己意的事，绝不妥协。我不懂圆融，甚至认为圆融就是虚伪，就是没有原则。一直到遇见许许多多类似黄豆饲料大王以及张忠谋的故事，我慢慢了解，收起自己的棱角，收起自己的个性，不要计较小是小非，你会得到人和，会得到帮助。

这就是柔软度。人生的许多情境是无法讲道理的，譬如说，有求于人时。生意的本质就是有求于人，求人时当然需要柔软度，当然需要"以客为尊"，客户永远是对的，如果客户是错的，一定是我做错了什么事，让他生气，因此摆平他、让他不生气，就是我的责任，因为只要他不生气，我就会得到生意、得到好处。

柔软度是待人处世的外在界面，而正直则是每个人心中对大是大非的坚持。外在界面温和，会好相处、会有人缘、会有许多朋友、会减少许多争执。人生的大多数时候，只是互相感觉良好，而柔软度就是感觉良好的润滑剂！

■ 后记

> 一个工作者留言给我：我可以辞职不干，但不必接受客户不合理的待遇。我回答：这是工作者的潇洒，但创业者不能这么随兴。

没有压力的巨人

> 这篇文章是给每一个想创业的人，探索自己的抗压性。如果你不能承受压力，那创业对你而言，风险极大。

一个年轻的高尔夫球友，开球280码，潜力十足，在经过一两年的练习后，实力已经接近单差点①，看到他的进步，我们都替他高兴，也为有此年轻高手朋友感到骄傲。

有一次同场打球，很自然地邀请他一起参与每洞 100 元新台币的小赌局，以助球兴。但没想到面对小赌局的压力之后，他击球节奏大乱，当场回到接近百杆的状况，输点钱是小事，对他信心的打击，却是无法平复。

事后我和他闲聊，才知道他打球完全不能承受压力，不论多小的赌局，都会对他产生巨大的影响，因此他只能自己轻松打，不能增加任何余兴节目。

这完全不是钱与输赢的问题，而是一个人的性格问题。他告诉我，就算没有钱的小赌，只要有游戏、有输赢，他就会紧张，他就会失常。

不只是打球，任何竞赛、考试，只要有压力的状况，他都难以承受，因此他是"没有压力的巨人"，为此他自己也深感困扰。

我见过非常多这样的人，恐惧压力、害怕压力，平常工作及练习时，实力不凡，但在关键时候，他们就不自觉地紧张，结果成绩大打折扣，在人生及工作上经常扮演悲剧英雄的角色。

▌常处危机、习惯压力

根据我自己的经验，社会上真正喜欢冒险、乐于承受压力的人，可能不超过 20%，其余 80% 的人，都是害怕压力的，但像这位年轻球友一样，如此不堪压力，这么容易受影响的倒是少见，因此激起我一探究竟的好奇心。

原来这位球友自小在一个稳定的中产阶级家庭长大，父母亲的教育十分成功，按正常的程序一直到出国留学完成学业，他是地道的"罐头教育"体系的产品，更是在温室中被呵护长大的花朵，稳定、安全是他最重要的人

---

① 单差点：高尔夫球一般业余球友的水准在 90 杆上下，单差点指的是在 81 杆以内，接近职业水准，百杆则较差。高尔夫球友一般上场会有小赌注，几百元新台币输赢，以助球兴。——编者注

生逻辑，因此遇到任何稍微复杂的环境，有一点风险，他都有不能承受之重。

我很替他可惜，如果他能有一点抗压性，不是那种"没有压力的巨人"，那不只在打高尔夫球上会有更上层楼的成就，在工作上他也绝不只是现在小主管的层次。

这个案例让我觉得太平静的生涯是不好的，有一些波折是宝贵的，不要让自己变成那个百分之百的"好小孩"，有机会应该稍微学点"坏"，这不是要刻意去做"坏"事，而是要给自己找点"麻烦"，让自己处在危机中，而不要永远"play safe"。

球类运动的竞赛就是最佳的压力训练，尤其有一些小赌注，更可以激发人的斗志。要知道克服压力的方法有两个关键：一是习惯压力，这要常常让自己处在压力中；二是要有昂扬的斗志，这是习惯压力之后，再培养出来的必胜的决心。因此，常常处在压力中，是对抗压力训练的关键。

如果你是没有压力的人，那么不论在运动或工作上，从今天开始设法给自己多一点"麻烦"及挑战吧！

■ 后记

> 创业是"拿生命赌明天"，金钱的输赢，输了可以再赚，与创业不可相提并论，仔细想想创业的本质吧！

② 创业执行

如果说创业筹备工作，都是属于策略面的大事，那么创业执行相较之下，多属于细节，但细节会决定成败，仍然疏忽不得。

理论上创业执行阶段，应该是就创业计划照表操课（前提是你是深思熟虑的创业者，一切规划严谨），当然少不了一些组织、制度、用人、除错的事。但由于创业本身具有高度的不确定性，因此执行时会有更多见招拆招、因时制宜的状况，这时就看创业者的紧急应变能力了。

本章提出了一些工作上的技巧及用人领导、解决问题时的一些经验，给创业者当做他山之石，借鉴参考之用。

孤寂是生涯的必修课——创业者的专注力

> 创业者心大如牛，对机会敏感，对新生事物充满兴趣，常犯的毛病是不够专注，容易被引诱。因此启动创业之后，要专注在本业，就算所投入的行业是个冷门行业，也不可以左顾右盼，随社会的潮流起舞。

一个非常能干的部属对任何事都有高度兴趣，当 IT 杂志盛行时，他跃跃欲试想下手办 IT 杂志；当网络勃兴时，他热衷要投入公司内的网络部门；当大陆市场兴起时，他也表达想转调大陆工作的意愿。

虽然经过慎重的考虑之后，公司都没让他得遂所愿，但每一次也都大费周章地评估可行性，他的多元兴趣其实给我带来一些困扰。

另一个相关案例发生于图书出版，出版市场是全社会的缩影，每一年全社会都会有新流行、新热门的话题，而出版市场中，相关的类型，也会变成热门的畅销书。许多出版人随时都在追逐流行，当热门类型出现时，立即争相投入，抢出相关的图书。他们是市场的机会主义者，哪里热门就到哪儿，什么流行就做什么。有一些人当然也因此赚到钱，但大多数人如果速度不够快，很可能就会被套牢。

▍守住专长不断钻研

这两个案例，都与人性害怕孤单、喜欢热闹有关。"从众"行为是人类的本性之一，看到人群聚集，就想上前了解，好奇观望。

在生活上追逐流行或许无可厚非，但在工作、生涯与生意上，追逐流行，绝对是个悲剧。在证券业及银行业开放时，辞掉原有的工作，投入证券金融业的人，因为半路出家，专业能力不足，后来沦为被遣散一族；在网络兴盛时投入的人，在网络泡沫化之后，则沦为网络孤儿。期待乘浪而来，也要有被浪潮淹没的心理准备。

我最怕不安于室的工作者，他们每天都在关注外界的变动，都在打听最新的信息，生怕错过任何一个机会，没能搭上市场勃兴的列车，现在的工作只是他们暂时停驻的旅店，随时都想赶往新的时髦。

我从来没见过这样的"机会主义者"获得真正的大成功，因为流行会不断变动，没有人能永远抓住流行；再加上半途插入流行的行列，代表着你对这个行业可能一知半解，并非你真正的本业，你的核心能力一定不足，也必然优先被淘汰。

真正的成功者，是守住一项本业、一种专长，不断钻研、不断学习，成为这个行业专业的人。至于这个行业是不是现在社会上最热门、最时兴的工作，则非所问。

上天对每一个人都是公平的，流行不断变换，你所从事的行业一定会有勃兴的时候，只要你准备好，当镁光灯来临时，你就会成为当红的明星。

大多数人需要花很长的时间忍受孤寂，那是你隐在暗处，自我修炼的时刻，所有的孤寂、所有的修炼，都是成就辉煌的必经过程，要有台下的十年功，才能期待台上十分钟的完美演出！

■ 后记

在未启动创业时，可以广泛关注环境变动，注意新兴事物、热门行业，可是一旦选择，就要忍受孤寂，全力以赴。

摸黑找答案——创业者解决问题的能力

> 创业从来就没有标准答案,甚至可能是走在市场的前端,探索的是全新的生意模式,这时创业者是个探索者,就好像处在黑暗中,你要摸黑找答案。

我永远忘不了第一天做记者的经验。

那一天我到报社上班,因为是考试录取,而我又不是新闻科班出身,因此忐忑不安。我的主管看到我,就丢了一大叠资料给我,说:"把这些资料改写成500个字的新闻稿,写完交给我!"

接到指令,我愣在当下,不知如何是好。因为我不知道什么叫"新闻稿",更不知道如何写"新闻稿"。我完全没受过任何记者的训练,更惨的是第一天到报社,举目无亲,没有任何人可以问,那是一个人被丢到荒郊野外,要自力救济、野地求生的感觉。

我本来直觉地想去找那个主管请教如何写新闻稿,但再一想,我才第一天上班,万一主管觉得我竟然连新闻稿都不会写,要我回家怎么办?不行!我一定要自己找到答案。

于是我去找当天的报纸,仔细研究报纸的内容,发觉报纸的内容大约可分为两类:一类是以"本报讯"开头,另一类则是有署名的文章,没有"本报讯"三个字。我判断,署名的文章比较重要,而我第一天上班,应该轮不到我写署名的文章。因此"新闻稿"一定不是署名的文章,应该是那种以"本报讯"开头的文章。

接下来我仔细阅读所有"本报讯",并开始归纳其写作方法。我发觉,通常第一段要涵盖内容重点,并点出主题,其后段落再带出全部内容。有了这个结论,我就用这个方法写出我生平第一篇"新闻稿",并在极度不安下交卷，害怕被打回票。没想到我的主管大致浏览一下，没有任何响应，又去忙他的事了。

我的记者生涯就是在这种孤立无援、野地求生、"摸黑找答案"下开始的。

创业之路需摸黑前行

也许是因为有这样的经验，在其后的工作生涯中，我很习惯"摸黑找答案"。

对任何新事物我都不害怕，我也常常在孤立无援中、在没有足够的信息下，尝试用自己的力量，一步一步寻求解答，在没有路中，自力救济，找到路走出来。

这种"摸黑找答案，没路找到路"的特质，变成我的核心能力的一部分。

其实在工作中，遇到这种与世隔绝、孤立无援的状况并不多，就算是百分之百的创新事物，我们都有机会去请教别人，寻求解答。但"摸黑找答案"的能力，是每一个人面对困难的终极标准，能"摸黑找答案"，代表你的能力具有无限可能。

要培养出"没路找到路"的能力，首先要相信自己，相信我能够在没有外援下自力救济。只要有信心，就可以不忧不惧，自己慢慢寻求解答。

有了自信之后，其次要冷静。其实不论何种情境，都可能留下各种不同的蛛丝马迹，我们只要冷静地观察，仔细地分析，都不难找出可能的解决方案。

最后，就是要放手一搏，犹豫不决只会坏事，"摸黑找答案"本来就无全然的胜算，没有信心，险中求胜，必输无疑。

■ 后记

❶ 创新事业、创新的生意模式，就是在探索市场全新的规划，这是创业最佳的机会，但风险也最大，如果创业者抱怨没规则可循，那你不该投入创新事业。

❷ 创业者有太多"不会"的事，面对"不会"要立即学会，摸黑找答案，是克服不会的方法。

"好警察"与"坏警察"——创业者的自我制衡方法

> 创业者在公司中拥有绝对的权力，每个人都想从你身上得到好处，如果你性格软弱，不敢拒绝，那最好的方法，就是替自己找个制衡的力量，替你扮演"坏警察"的角色吧！

美国警匪片中，警察审问犯人时，时常用"好警察，坏警察"（good cop，bad cop）的两面手法，由一个人扮演坏警察穷凶极恶，完全不讲理，刑求逼供无所不用其极；另一人则扮演好警察，以温柔攻击、突破犯人心防，这种"好警察，坏警察"的两面手法，在西方社会中，大家都耳熟能详。

"好警察，坏警察"的手法除了运用在商场上的谈判外，在企业经营上也运用广泛，大权在握的老板与独当一面的主管，面对麻烦问题时，都需要有人扮演"坏警察"的角色！

每一个大权在握的人，都会面临外在的期待与压力，大家都知道，只要说服你，就可以从你身上要到资源、要到好处。如果你本身定力不够，拒绝的能力不足，很可能就会做出错误的判断。所以一个喜欢演"好警察"角色的老板或主管，一定要有别人来演"坏警察"，你才能有效处理麻烦事务。

一位上市公司的总经理告诉我，为了避免心怀不轨的大股东的索取，他在股东会中，以偷袭的方式通过了一个"不得与股东有财务往来"的条款，成功阻止了大股东的借款要求。这位总经理用股东大会的决议，扮演"坏警察"的角色。

这当然是比较特殊的例子，面对的是具有实质权力的大股东，才需要大费周章，动用股东大会。比较常见的例子，是制定各种制度，让系统来当"坏警察"，就可以避免用个人的力量来阻挡外界的压力。

让公司制度当"坏警察"

许多公司有一些有趣的规定：公司一律不准买车，如有特殊需求必须买车，必须呈报董事会决定。主管如有配车需要，也要呈报董事会决议。这项规定目的在杜绝公司在车辆上的非必要花费，也让老板可以远离职业经理人的不当索求。在中国大陆，这条内规最有效，可以避免公物私用的问题，这就是让制度当"坏警察"，也让温和的老板，可以简单拒绝困扰。

在我创业的过程中，我会把这些麻烦事，全部定在公司禁止的规章中。我把自己的权力缩小，并告诉大家，制度虽然是我制定，但连我自己也要遵守，因此没有人可以例外，再怎么逼我也没用，因为制度不变，谁都不可以违背。

在我当小主管的时候，我明明获得老板的信任，但有时候我会刻意放弃某些权力，让老板替我当坏人。例如：有人要求太大幅度的加薪，我会告诉部属我没有这种权力，所以别逼我；当我想要求某些事，而自己的权威不够时，我也会要求上层主管替我背书，以他们之名发布，这都是让上司当"坏警察"的例子。

大权在握，一言而决，当然是权威而痛快的情境。但老板和主管一定要

学会用"好警察,坏警察"的两面手法之后,才真正了解权力的奥妙!

后记

❶ 我遇到许多小老板,名片上都只印个"经理",他们告诉我,只要人家不知道他是老板,许多事他就可以拒绝,因为"老板"不同意。

❷ 董事会、公司制度都是"bad cop"的好理由,董事会不同意,公司制定的制度不许可,所以"我"不能答应你,创业者必须为自己留个拒绝的后路。

你多久没提笔了? ——创业者思考沉淀的方法

> 创业者日理万机,许多事无法深思熟虑,以至于仓促而就。挥笔写计划,把想法文字化,用白纸黑字留下记录,是让创业者冷静沉淀的必要手段。

我常常被问到一个问题:"每周都要写一篇文章,又要有很好的主题,请问你是怎么做到的?"

面对这个问题,其实答案很简单,因为这是我这辈子唯一会做的一件事,你不会问厨师他为什么会做菜,你也不会问司机他为什么会驾驶,一旦一件事变成你的专业,不断做这件事就是最理所当然的事!

可是在每一次的回答过程中,我隐然发觉了另一个值得深究的问题:似乎有许多高级经理人、老板,可能已很久不曾提笔,写文章、写计划对他们来讲已经是很久远的事了!

从谈话中,我猜测这些大老板们现在已进入"动口不动手"的"君子"

阶段，所有的事大都有专业的团队协助、协力，他们的头脑不停息，嘴巴也不停息，但手已经停下来，所有的计划、文章，都有人代笔，久而久之，他们离写作就越来越远了。

但我可以确定一件事，在这些大老板年轻的时候，他们是会提笔的！他们是经常写计划的！他们从一个概念出发，想清楚每一件事，确定每一个步骤，用笔写成完整的规划，再用嘴巴去宣传、去推广，然后再根据企划书一步步执行，最后成就成功的企业。

他们又为何远离写作呢？一位老板告诉我，他本来就对写作不在行，创业时百废待举，资源有限，必要时只好勉为其难，自己动笔。但这确实是个苦差事，因此当有人可以代笔时，他就不再动笔。

我很想告诉这些大老板及高级经理人们，写作没那么难，更没有那么痛苦，且一点也不神圣，如果可能都应该继续保持动笔的习惯。

▌利用文字化过程作为决策判断

我所谓的动笔，指的不是创作、不是写文章，而是把你所想的、所说的，用文字写下来，因为写下来是精炼化的过程，可以把你发散的思绪、不精准的想法，有效地浓缩成逻辑精准、主从关系明确、层次分明、条理清晰、结构严谨的文字，这些都是决策过程最佳化的保证。

根据我自己的经验，想法通常是模糊的，只有一个大方向，我隐约知道其可行，如果我不用笔写下来，想法永远是不周详的。尤其当想法代表一个庞大而复杂的计划时，那么文字化更重要。我会在文字化的过程中，厘清逻辑关系，然后仔细展开每一个步骤，最后我才能确知整个计划可不可行，也才能作为工作及决策上的判断标准。

而自己不动笔，由别人代笔有什么坏处呢？别人代笔的文字写得再好，都是别人的思维，你很可能被修饰过的精美文字所迷惑，陷入别人的思路，欠缺了一道反复琢磨、推敲、肯定、否定再最后确定的过程，而这个过程，

是高级经理决策过程中最珍贵的步骤。

我无意因为自己是个文字工作者，就强调写作的重要，但我确实在写作文案、计划的过程中，避免了许多决策上的悲剧；我也期待所有的经营者不要忽略文字化的重要性。

■ 后记

> 有人问我："我本来就没有写文章的习惯，如何能提笔?"其实我说的不是写文章，而是把文字速记在笔记本上，在任何纸上写下你即刻的创意、想法，以避免灵光乍现之后忘记，这点每一个人都可以做到。

小数迷糊，大数清楚——创业者财务敏感度的训练

> 创业是用财务报表计算成败，所有的创业行动都会以数字为依据，创业者必须对数字敏感，至少要对大数清楚，要在脑中记忆，不可仰赖报表。

一个刚升为主管的同事，第一次参加业务讨论会，紧张地报告当月的业绩，他辛苦地念着报表上的数字"18235702元"，然后说明这个业绩分别由三个小单位组成："业绩分别是10023500元、4303230元，以及……"

我终于忍不住制止他继续往下说，并说明：只要报告大数就可以了，万以下的数字可以省略！

这当然是一个特殊的例子，这位新主管是个老实人，没见过讨论会的场面，所以紧张，这不足为怪，习惯了就会适应。但是对数字的感觉、对数字的熟悉、对数字的精明，不会因为主管做久了就会拥有。我看到许多人不论

职位再高，对数字永远陌生，而这种人在组织中，只能担任功能性的职位，无法升任高级管理职位。"数字"其实是职场中隐藏的杀手，只是大多数人都懵然无知。

我找来这位主管，告诉他几个培养数字能力的原则与方法。

"数字是重要的工作依据，对数字精明是主管必备的能力。"这是原则与态度。如果觉得自己是数字白痴，就要立即下决心补强学会，绝不可以不当一回事。

其次，忽略小数，只记大数是最重要的方法。就像前面所述：以万为单位，记住"万"的大数就可以，以下的小数可以不计。

没有人的记忆力好到可以应付小数目，因此掌握大数是对数字精明的开始，而掌握大数，还可以随数字性质及大小随时调整。

我记得当我购买比尔·盖茨的《未来时速》（*The Speed of Thought*）一书时，书中告诉我微软的财报是以百万美元为单位，换句话说，"百万"就是微软公司的大数。你必须敏感的大数单位，可以是亿、千万、万，甚至更低，这是每一个工作必须设定的数字敏感（精明）基准，遇到这种数字，就要记在心里（背起来），随时可以说出来，朗朗上口，而不是看着报表念。

"了然于心"是对数字精明的关键，要记在心里，而且知道这个数字的意义，是多还是少，是好还是坏，是平均值还是特殊极端值，这样你就可以不需看报表，自己就能说出这个数字。

▌熟记各种工作相关指标值

除了记住大数、了然于心之外，还要熟记各种工作相关指标值，如每月单位平均业绩、个人平均业绩、最高（低）业绩、产品平均单位、销售数量等；行业相关指标值，如同行的业绩、价格等；环境相关数字，如国民所得、人口数、市场规格等。这些相关指标数字，到底要涵盖哪些，范围多

广，完全看个人的工作内容和工作态度而定。

我个人的习惯是，尽可能放大观察及记忆的范围，只要看到的、记得住的都要吸收消化，目的是让我面对任何数字都可以立即有感觉、有判断，随时可以做出应对。长期训练下来，我变成了对数字超级敏感的人。

如果你只要当个小职员，领份薪水，数字对你不是问题，但只要想成长，从今天起，对大数清楚吧！

■ 后 记

❶ 在我遇到过的大老板中，陈茂榜（声宝公司创办人）的数字记忆最好，他可以背出国民人口数、世界各国土地面积、各种统计数字，但他的数字感是训练出来的，只要有心就能做到。

❷ 不只记住数字，更要记住数字背后的意义，以作为比较的基础。

一个问题，你的答案——创业者培养自信的方法

> 创业者一定要用"自己"的方法，才能创业成功，因此请教贤者、达人、学者、教授之后，要自己归纳出自己的答案，才能适合自己事业的需要。

每一次演讲完的 Q&A 时间，都让我觉得困扰。因为有许多问题，并不是让我抒发意见，而是直接寻求我的解答，而且这些问题，很可能是他们正面临的困扰，而我的解答又很可能会被他们直接采用。这种状况，经常让我犹疑不决，生怕我即席的回答，在未深入了解问题的前因后果的情况下，可能会下错药方，陷询问者于不义。

因此我一再强调，我的说法只是"一家之言"，绝非标准答案，仅供参考，请读者要比较、分析，寻求自己相信的最佳解答。因为别人的建议，都是不负责任的，而你要为自己的决定负完全责任，受益、受害都要一力承担，因此你要自己寻求自己相信的答案。

"寻求我自己的答案"，是我经过无数失误之后得到的最珍贵的教训。年轻时我也常询问别人的意见，尤其面对长者、成功者，我都虚心请教，他们也都给了充满智慧的答案，让我钦恭不已。但这些答案，常常让我在工作上感到疑惑，因为有的根本不可行；有的虽可行，但事后效果不彰。因此最后我慢慢得到自己的结论：长者、智者和成功者的答案，都只是"一家之言"，不见得是我在工作上绝对可行的答案，我要在听完所有人的"一家之言"后，重新整理、分析、归纳、判断，为自己下一个决定。这个决定才是我自己真正的答案，而我的命运也会和这个答案紧紧相连。

解决问题的 SOP

我慢慢得到一个解决问题的 SOP（标准作业流程）：当我遇到问题时，我不是寻求标准答案，而是寻求许多答案组合，包括我自己的想法，也包括书本上找来的答案，当然还包括长者、智者、成功者等给的答案。这些答案各有依据，也言之成理，但对我而言，都只是原始数据（raw data），我不能一相情愿地相信，我需要消化整理，然后得到一个我自己相信的答案。这就是一个问题，一个答案，到许多答案，到最后得到我自己的答案的问题解决过程。

开始的"一个答案"，指的是自己初步的结论，一定要先有自己的第一个答案，这个答案可能是直觉的解答，也可能是深思熟虑之后的解答。但有"自己"的答案，代表你想过、愿意为这个答案负责，这有助于你深入问题的核心。

接下来的"许多答案"，就是你"上穷碧落下黄泉"地寻求解答的过程。每一个你问到的人都会给你答案，但重点不只是答案，而是答案背后的逻辑和思考过程。这也是我现在的习惯，不给答案，只给思考架构、只给分析逻辑。当然一定要有答案也可以，但声明这是不负责任的"一家之言"。当听完了许多人的分析和答案之后，你很可能头痛欲裂、无所适从，这时候你需要找个地方静一静，耐住性子抽丝剥茧，重新下一个对自己负责的决定。

重新下完决定，提出"自己的答案"之后，别忘了比对一下自己当初下的第一个决定，看看两者之间的差异。这就是你询问过无数聪明人之后的学习与成长，而你的命运会与你的答案紧紧相连。

■ 后记

> 这篇文章说的其实是创业者的信心和主见，创业者要有超乎常人的信心，也要有自己的判断和主见，因为没人了解你所遭遇的情况，只有你自己最清楚。你可以请教别人，但最后的决定要自己下，不可轻信别人的建议。

用望远镜看未来——创业者必要的策略校准

> 创业者每隔一段时间，就要校准一下现在的进度是否偏离目标。这时候，用几年后的长远想象分析，就是用望远镜看未来。

我34岁离职创业，那是一个毅然决然的决定，我只花了5分钟就下定决心，这个"用望远镜看未来"的策略校准过程，是我一生成败的关键。

34岁那年，是我职场工作最风光的时候，我是《中国时报》的财经新闻主管，那时《中国时报》发行量号称100万份，是台湾第一大报。而我这个主管，掌管最重要的财经新闻，台湾几乎所有的企业家都希望认识我，因为任何一则新闻，都会对他们造成重大影响。

我每天周旋在企业界的应酬场合中，自以为是重要人物，我也每天接触台湾重要的财经官员，畅谈财经大事，我几乎忘了自己只是个小记者。

我先问自己，就这样"醉生梦死"过一生吗？（当时每日应酬，确有醉生梦死，不知今夕何夕之感。）我的第一个答案是：还不错，记者外表风光，待遇也尚可，就继续做吧！

如果继续当记者，我想我这辈子就离不开《中国时报》了，创业也就不必想了，我会在《中国时报》终老一生。这时候我决定问自己第二个问题：20年后，当我54岁时，我在《中国时报》会担任什么职务？

这就是用望远镜看未来的策略校准，现状感觉不错，那长远的未来呢？

决定创业的策略校准

我先问自己：我会变成老板吗？不会，我不是老板的儿子，我不可能接班成为老板，这个答案让我十分沮丧，因为创业一直是我的梦想。我接着问：我会变成发行人、总经理、总编辑、社长……吗？答案都是可能的，我可能会担任这些仅次于老板的重要职位，但我却更加不快乐，因为这些职位，都只是报业老板的棋子，会上台，也会下台；上台的时候高高兴兴，下台的时候凄凄惨惨。我不喜欢我的命运决定在别人手中，我希望快乐自主，做我自己。我喜欢新闻工作，但我不喜欢变成报业老板的棋子，我若继续在《中国时报》待下去，我这一辈子会不快乐、会后悔，我做不了自己！

这就是我回答完自己的问题后，5分钟就辞职的经过，因为当我用"望远镜看未来"进行一生的策略校准之后，我确定替人打工这条路不会到达我想要的目标，此刻不辞，更待何时？

人的一生有无限想象，你可能立下志愿、定下目标，作为你一生的追逐。可是每个人也活在当下，被每天的例行生活所束缚，因此当我们活在每一天的当下时,也要定期做策略校准,检查一下我们是否逐渐远离我们早已设下的人生方向与目标,这就是所谓的"用望远镜看未来"。

为什么我在问完第二个问题后,5分钟之内就决定辞职创业?原因很简单,我想创业的念头早已了然于心,早已是我内心长久的呼唤,只是我习惯于每日工作的安逸,而继续"醉生梦死"。但这禁不起我自己用"20年后会如何"这么简单的问题检验。当我想象未来的可能时,我知道我现在走错路了。

这不是佛家的"顿悟",也不是忽然之间就想清楚人生复杂的命题,而只是一次比对,比对我现在所做的事,和我想走的路,和我未来的人生规划之间的关系,当现在和未来方向不在同一条轴线时,我知道我要悬崖勒马。

我们除了每天活在当下,也要一段时间后——3年、5年、10年、20年,用望远镜看未来会如何,这是我要的人生吗?

■ 后记

❶ 差之毫厘,谬以千里,每天很小的误差可能会变成无法挽救的悲剧,不时校准是创业者必要的工作。

❷ 这也是想明天的事,人无远虑,必有近忧。

对的人的力量——创业者找人的原则

> 创业者要先把自己变成对的人,这最好在创业前就已经完成,然后为团队寻找对的人,当所有对的人聚集时,创业就成功了。

在铭传大学教书的经验,让我体会到一个对的人,力量有多大。

在两年的教书经验中,我教的是新闻写作及杂志编辑,这两门课都有很多的项目作业，在我出的题目中，难免有难有易，简单的作业同学很容易就完成，但也有较不易完成的。本来我以为是因为难易有别，但后来我让那些已经完成简单作业的同学，再去做较难的作业，没想到他们也可以完成。

再下一次的作业，我刻意让这些能完成作业的同学，做一些更难的题目，虽然多花些时间，但最后他们还是可以完成。

最后我知道，不是每一个人都可以完成作业，只有对的人可以，而且只要是对的人，不论多难的作业，都可以完成。

我尝试了解他们的差异，我发觉，这些能完成作业的人，心中想的是，老师的作业非完成不可，不完成不能向老师交代。而那些完成不了的人则认为，只要去试试看，完成不了一定是老师的题目太难了，回去向老师反映。

我不愿承认人有资质差异，但我从此知道一个对的人，力量有多大。从此我在工作中，努力寻找对的人，只要找到对的人，我就充分给他舞台，让他快速成为未来的接班人选。

成败关键在于放手的艺术

为了寻找对的人，我的组织中有非常多的小团队，也有很多的任务编组，而每一个团队都由一个人负全责，他就是一个小老板，他可以做所有的事，他要为成败负完全责任。

这种状况下，很容易就看出来谁是对的人，有的人很快就上路，他可能天生就是对的人；有的人慢慢学会，中间也会犯一些错，但他知错能改，一步步逐渐学会；也有的人做不好，但理由更多，我就知道我该换人了。

为了让对的人发挥最大的力量，我也会让一个人先做完新事业的工作规划，测试生产流程，一直到做出新产品，证实新产品可行、生产流程有效率，才下决心建置新事业。

我曾经让一个人默默地工作了半年，一直到编出新书，找到正确的工作模式，才正式成立新单位。一个对的人，会为全公司开创出全新的事业。

对的人不害怕新事物，他们认为新事物总要有人尝试；对的人不害怕一个人做事，他们相信有多少人做多少事，一个人也可以按部就班做出一些事；对的人不挑事，他们认为公司主管会派他们去做这件事，一定有道理，而且他们有自信，任何事都可以试试看；对的人不怕陌生的环境，他们可以在黑暗中，慢慢找出路来……

对的人是组织中那做80%贡献的20%的人，替每一个单位找到对的主管，让每一个对的人出头，然后放手让对的人发挥，是公司成败的关键。

工作者则应该问自己，你是那个组织中迫切需要、极力寻访的对的人呢，还是你不断地在拒绝加入对的人的行列？

■ 后 记

❶ 一个创业者向我抱怨，他就是找不到优秀人才，所以创业一直没做好。我回答他：创业就是要做"找对的人"的工作，你连这件最基本的事都没做好，怪不得创业不成。

❷ 没找到对的人，很可能因为创业者本身是"错"的人。

百分之百的信赖——创业者如何激发团队潜能

创业要从一个人出发，从极小的团队出发，小团队的好处是手眼协调，向心力强，但如何让你周遭的人信赖你，全力以赴呢？先全然信赖他们吧！

我和我的次级主管有一项不为人知的默契：所有的公文，只要我看到他们的签字，我就闭着眼睛签名。这代表我对他们完全信赖，任何事情，只要经过他们的手，他们认为可行，到我这一关我绝对会同意，我不会有任何的质疑，我百分之百信赖他们的判断。

有一些刚升任的次级主管，当我告诉他这个百分之百信赖的原则时，他们很害怕，他们怕我不替他们把关，万一他们做错决定怎么办？那不是连我一起拖下水？

我告诉他们别害怕，这只是我个人的"百分之百信赖的何氏风格"，但不代表我不替他们把关，只要他们仔细思考、小心谨慎，如果这件事百分之百有把握，那就放心大胆签名，我也会信赖与认同。

但是如果仔细思考之后，仍然犹豫不决，那绝对不可以签名，应该来和我仔细讨论，当有结论时，再下判断、再做决定。绝对不可以在自己没把握时，勉强下结论，那就会辜负我对他们的信赖。

我还告诉他们，只要他们仔细思考、小心谨慎判断之后，纵然有些判断错误，导致我也跟着犯错，只要不是疏忽、自以为是，我都一并承受，一切责任由我负担，请他们不用害怕。

用信赖连结、用默契工作

这许多年来，对次级主管的"百分之百信赖"的原则，已历经了无数的考验，几乎没让我产生困扰。所有的主管也没让我失望，他们虽不能说从没做错判断，但确实没有大错。更可贵的是，他们因为这样被我信赖，反而学会积极负责，勇于替我承担责任，让我能向上负担更大的责任，而不必不时回头，担心他们出错。

他们因被百分之百信赖，而培养出对自己的肯定；他们因为被百分之百信赖，因而对我有知遇之心，更加全力以赴工作；我的团队因为被百分之百信赖，因此上下一心、团结一致；我因对他们百分之百信赖，而纵有错误时，我也一肩扛起，没让他们有所责难，他们就更加小心、避免犯错，不让我冒风险……

"百分之百信赖"的好处太多了，那是一种家人全然放心的感觉，我无

怨无悔地信赖他们，他们就更全心全意地保护我，而所有的工作更在这种水银泻地般的密切合作下，展现了令我满意的工作成果。

我承认这应是上下级之间的最高境界，用信赖连结、用默契工作。但要进入这个境界之前，还要有一些前提：第一，就是用人的绝对道德观，不用品德及性格上可能有问题的人；第二，在用人之后，都要经过长期的培训与观察，要确定这个人是值得信赖的人；第三，要提防马谡型的人物，马谡是个有能力的人，但轻慢自大，致失街亭，让诸葛亮不得不挥泪斩之，这种人是"百分之百信赖"的超级杀手，要绝对小心谨慎。

我为我的"百分之百信赖"的团队关系而骄傲，但这也要所有的人小心呵护，才能持久。

■ 后 记

❶ 当人被认同、肯定时，他就会变成好人；当人被信赖时，他就变成可信赖的人；当人被不断检验时，他就会犯错，来证明你的检验有必要。

❷ 我喜欢被信赖，所以我也百分之百信赖别人。

❸ 如果要不信赖，就定个制度吧，至少制度是对事不对人。

3 创业误区

创业过程中充满了各式各样的陷阱，创业者一不小心，就会闯入误区，导致创业失败。本章搜集了一些常见的错误，提醒创业者自我检讨。

这些错误，全部集中在创业者身上，所以要从自我检视开始：大多数创业者看不到自己的错误；创业者也很容易卷入政治；创业者难免投机取巧、搞关系；当创业遇到困难时，创业者因拖延、固执，而错失抢救时机……

如果创业顺利，创业者一旦功成名就，也很容易忘了"我是谁"，因为自满、自大而自误。

我无法穷尽所有的误区，但以小见大，期待创业者自行举一反三。

钞票的颜色——创业者不应被政治绑架

> 无奸不商，商人唯利是图，自古皆然，但是创业者还要有自己的良心，在生意至上中，还是要坚持自己的信仰，不能卷入政治，为生意而不问是非，胡作非为。

在一个应酬的餐会上，许多人谈起台湾政治的蓝绿纷争，现场虽然有人偏蓝、有人偏绿，但每一个人都摇头叹息，对政治人物的纠葛，不以为然。其中某个人忽然冒出一句话："管他蓝还是绿，我们只认同钞票的颜色！"这句话获得大家的认同，钞票的颜色才是这个社会的共识。

餐会后我心情沉重，并不是我不认同钞票的颜色，作为一个经营者，企业盈亏当然是每天要面对的乐趣，赚钱也是经营者的天职。问题是"认同钞票的颜色"这句话，似乎承载了太多意蕴，也反映了台湾社会的问题。

最简单的说法是，大家对政治无奈、对意识形态伤心，因此大家只能谈生意、谈生活、谈赚钱，因此不管蓝与绿，只认同钞票的颜色。

进一步的说法则是：生意是现实的，为了生意的完成，我们要取悦客户，客户是蓝的，我们就是蓝的；客户是绿的，我们就是绿的；如果客户不蓝不绿，我们当然也不蓝不绿；如果客户讨厌政治，我们当然也更讨厌政治。放弃自我，以客户为尊，客户永远是对的，完成生意才是硬道理，这就是只认同钞票的颜色。

如果仅是这样，看来也没有太大的问题。因为商场上就是如此，取悦客户是天经地义的，不和客户唱反调，好像也是商场上应有的礼貌。你的立场、判断、是非、对错，为了完成生意，一时被牺牲，短暂被客户挟持，相信许多人都有这样的经验。

当然也会有一些人，更有原则、更有是非。或者应该说，只是因为他的生意做得更好，产品更有竞争力，钱也赚够了，所以他可以挑客户、挑生意，违背自己原则的生意不做，与自己立场不同的客户不要。这种人除了钞票的颜色之外，还可选择自己想要的颜色，可以活得更有原则、更有尊严、更有自我。

▎当灵魂染上金钱的颜色

可是台湾社会所谓认同钞票的颜色，真只是这样吗？真只是一时的妥协吗？真只是隐藏自己的政治倾向吗？真只是短暂地为生意折腰吗？

我的心情沉重不只是如此。我感受到的是，太多的人为了钞票出卖自己的灵魂，出卖自己的是非判断，出卖自己的价值观，出卖自己的良心！

许多事，我不相信社会没有公理，我也不相信台湾社会的教育水平如此之低，连许多基本的判断，都如此是非不明。可是，为什么许多事都如此是非不分呢？

因为为钱所苦、为钱奔波的大多数人，不只是为生意妥协，甚至为钱出卖自己的良知、出卖自己的灵魂！

我不怪政治人物，因为政治人物本来就是政客，因此颠倒是非，本是常态。但是，如果政治人物以外的人，也被政治牵引，也被金钱污染，当良心抹上政治意识形态，当灵魂染上金钱的颜色，我们会变成政治的奴隶，会变成金钱的魔鬼。

▎后 记

❶ 2008年的台湾，笼罩在贪污的阴影中，这其中不乏大商人、大老板卷入其中，为了生意，这些人出卖了灵魂、出卖了原则，"穷得只剩下钱"，肮脏得连钱都无法帮他们洗净，这些都是错误的示范。

❷ 想创业的人，回归自己的努力，远离政治吧！

不到黄河心不死——创业者不可错失急救机会

> 在困境中，机会之门一闪即逝，创业者要有足够的智慧，做出选择，就算放手丢掉经营权，可能也是对公司负责任的选择。

一个上柜电子公司老板，约我私下吃饭。他的公司正徘徊在倒闭边缘，想听听我当年长期濒临倒闭奋斗的经验。

我知无不言，不知是否有所帮助，但从他的口中，我听到一个老板常见的致命错误：不到黄河心不死，错过了改革公司的关键时刻，也错过了公司起死回生的机会。

约在 8 个月前，这家公司的上游原料供货商，想向下整合，提出了增资入股计划，但因为条件并不好，所以这个老板拒绝了。

他谈起这一段过去，再对照公司现在所面临的困境，他相当懊悔。他自承，因为公司是他一手创办，对公司有深厚的感情，他不甘在增资之后沦为小股东，所以不愿放手。

我问他，当时他难道不知道下半年可能遭遇的危机吗？他说，知道。

那他有把握处理吗？他说，没把握。

既知危机，又没把握处理，那为何要拒绝现在看起来不错的并购建议？

他回答："因为危机还没真正发生，我觉得还有时间等待！"

好一个"还有时间等待"，好一个"危机还没真正发生"，这就是企业经营者错失关键时刻的"不到黄河心不死"心态，不知葬送了公司多少的救援机会。

危中逆转的机会稍纵即逝

近年来，类似的故事太多了，杨致远的雅虎，投资银行业的雷曼兄弟，不都是如此吗？

在还有机会处理时，他们犹疑、他们拖延，以致错过时机，公司深陷更大的危机，而老板个人更是最大的输家。

在我工作的小行业：媒体、杂志、出版，这样的情境更普遍，因为我的行业，在营利事业之外，还顶了一个文化责任与理想的光环。

当公司陷入困境，还有能力自救，还有机会断尾求生时，老板通常会在"责任"与"理想"的前提下，不愿断然处理，因为对不起读者、对不起股东，更对不起创业的初衷。而最后的结果却是更大的悲剧，变成完全不负责任的倒闭闹剧。

问题是聪明的大老板们为什么会犯"不到黄河心不死"的致命错误呢？

第一个理由是太在意：这是"我"一生的心血、一手创办的事业，我怎能下重手整理，断尾求生或拱手让人呢？

第二个理由是太贪心：对已发生困难的事业，有过高的期待，希望有更高的出价、更好的条件，贪婪会让人错估形势。

第三个理由是太优柔寡断：险中求胜、危中逆转的机会往往稍纵即逝。每个人碰到这种关键时刻，优柔寡断在所难免，可是也往往错失良机。

第四个理由是太不信邪：英明的老板多数有过人的性格，僵硬不认输、不信邪，也会"不到黄河心不死"。

我实在不愿用下联来形容企业错失改革、变身的机会，但是"不见棺材不掉泪"确实是最好的形容，在全世界愁云惨雾的时候，如果你的公司徘徊在存活边缘，仔细想想这些案例吧！

■后 记

❶ 本书出版前,雅虎的创办人杨致远已经下台,我不敢说杨致远犯下错误,但他的选择,也是不争的事实。

❷ 创业者很容易因为投入太深,以身相许,以至于以身相殉,但如果公司仍有挽救的机会,就要以自己出局为代价,有时候创业者应该要有"无我"的精神。

❸ 许文龙说:奇美电子可以与其他公司合并,只要能继续经营,老板不一定是我。其胸襟令人动容。

山穷水尽才悔悟——创业者不可执迷不悟

创业失败最大的问题核心可能就是创业者本身,这是大家都知道的真理,只有创业者自己不知道,所以执迷不悟的悲剧不断发生。

调整经营困难的产品线或组织,是最困难的工作之一。困难的原因不在于方法、不在于工作,而在于如何不伤害原来的主管,在于如何让这些主管认同新的运营方向,愿意心悦诚服地配合公司的调整。

公司有一个有问题的营运单位,我前后花了3年调整,最后成功地让这个单位放弃原有的经营模式,转成以公关、活动为主的非实体出版经营方式。我的困难在于这个主管仍有改造空间,我不愿意用简单的遣散方法让其离职,如果能将他改造成功,我又替公司留下了一个好的运营人才。

只不过值得珍惜的人才,都有脾性。这位主管坚信他原来的运营方法可行,只不过外部环境不成熟,如果我们有足够的耐性,时机到了,原来的运营方法终会成功。

我明知原方法不可行，但我爱惜他，不愿粗鲁地撤掉他的指挥权，废弃他的营运模式。第一年用分析与暗示，建议他改弦更张；第二年告诉他，我们手上筹码不多，无法再承受太多的亏损，并明示我们可能只剩一两年的时间来调整；第三年我则坦白说明这是最后一年，再不行，我们只有放弃。第三年年底情况仍未改善，我向这个主管说抱歉，希望他扬弃过去，接受新的经营模式。

这个主管勉为其难地留下来，并用新的方法继续经营，不到半年，已见曙光，显示新方法是对的。我得到一个好的工作伙伴一起打拼，代价则是3年的时间与金额不小的亏损。

放弃一相情愿的坚持

我不禁自问：幡然悔悟有这么困难吗？

答案是肯定的，任何人要放弃原有的想法、做法，几乎不可能。在手上还有资源，还有筹码时，通常会执意走下去，一直到弹尽援绝、山穷水尽之时才能悔悟。

前面这位主管如此，我其他共事过的主管也是如此，我回想我自己，还是如此。当年创办《商业周刊》时，没到山穷水尽，我也不认为自己有错，不肯改变方法。有了《商业周刊》的经验，对自己可能犯的错误，有了比较清楚的认知，自我调整的速度稍快一些。后来我关掉一些公司，虽没有到山穷水尽的地步，仍然还会犹豫不决。一段时间，我知道自己可能是错的，但"不到黄河心不死，不见棺材不掉泪"，要痛悟前非，要自我调整、改变，仍极为困难。

这是一个人在逆境中，如何检视自己的作为，重新找到方向、重新调整步伐的困难。你不太确定自己现在做的是对还是错。你害怕在黎明即将到来时，你却转向放弃。你更害怕坚持，得到的不是守得云开见月明，而是无颜见江东父老！在不确定中，大家多数选择一动不如一静，这也是许多明显的错误，却要等到山穷水尽、弹尽援绝才能悔悟，自刎乌江的结局不断重演。

放弃一相情愿的坚持，冷静看自己的作为，知道自己极可能是"执著的笨蛋"，可能是不需要山穷水尽就能悔悟的方法。

■ **后记**

❶ 面对错误，承认错误，立即改正，扬弃现有的做法，这是说来容易的真理，只是许多人不肯改变。

❷ 创业者要不断地更新作为，改变方法，一直到试出有效的方法为止，"不变"一定是错的。

许文龙的内心世界——创业者不可以私害公

事业因创业者而起、而壮大，但事业一旦成形，就是社会的公器，创业者绝对不可以"一己之私"、"一己之意"纵情快意，妨碍事业的繁荣发展，这是不负责任的作为。

几年前，自从许文龙发表了一篇"认同一中"的石破天惊的谈话以来，台湾政坛除了震惊以外，也对许文龙的说法提出了各种解读，不论蓝绿阵营，大多数的看法是许文龙充分表现了商人妥协、务实的性格，为了做生意，在形势比人强之下，他说出了违反自己信仰的话；甚至有人推测，不知道得到了什么好处，甚或受到了什么威胁，才导致许文龙的转变！

除了外界的分析，许文龙没有任何说明，只留下无数的谜团，等待未来拆解。商周出版社有幸出版了有关许文龙经营思考的《观念》一书，在对许文龙的近距离观察下，或许我有机会从不同的角度来看看许文龙的内心世界。

可以确定的是,许文龙承认"一中"的说法,绝对不是许文龙的本意,他是一个彻底的台独主义者。

问题在于,大多数人把他态度上的转向,归咎于为赚钱而妥协,为生意而牺牲,就仿佛是为了"钱"而不惜出卖自己的灵魂,这一点是我完全不能同意的。许文龙是扭曲了他自己的人格,但动机绝不是为了钱、为了生意。

理由很简单,许文龙所有的财富,都只是数字游戏而已,多一个零、少一个零,对他个人完全没有差别。他早就可以收山,不必再为钱财打拼,何苦为了钱而扭曲自己?

其次,以许文龙优雅的浪漫性格,在商场上,看山不是山,看水不是水,从来他就是一个以自我为中心的独行者。

但如果不是为了钱、为了生意,许文龙又为何要出卖自己的信仰,要扭曲自己的人格?

个人意志与组织行为的冲突

答案是为了公司、为了组织。当奇美集团逐渐扩大、发展、成长后,虽然许文龙仍是创办人、大股东,但奇美集团本身已经变成另一个有性格、有意志的经营实体,这个实体由股东、经营团队、员工,以及所有关系人共同组成,从长期发展的角度来看,奇美集团有它必然的前进道路,而这条道路未必与许文龙本人的意愿相吻合。

以开拓大陆市场而言,许文龙个人认同日本,不认同中国大陆,但奇美公司仍然选择投资大陆,这是个人意志与组织行为的冲突。或许应该这样说,过去这几年来,许文龙绿色台商的立场与言论,是许文龙纵容个人意志的"快意恩仇",完全不顾组织发展的为难,奇美公司默默承受了一切的痛苦与责难!

现在许文龙终于还给奇美公司一个公道,不再以个人意志"强奸"组织的意志,或者是不再做出伤害企业组织永续发展的行为。

许文龙这个内心世界的挣扎,是他立场转向较合理的解释。这也给所有老板们上了一课,就算公司是个人百分之百拥有,但组织发展到一定程度后,组织是有意识的实体,是社会的公器,老板绝不可以一己之私、一己之意,扭曲公司与组织的命运!

■ 后记

❶ 事业像子女,因父母而生,但长大后,他们要走自己的路,父母亲就算疼爱,也要把手放开。

❷ 个人意识与组织意识违背时,个人要牺牲,要自我了断。

用快捷方式、抄近路、发横财——创业者不可心存投机,赚快钱

2008年世界大崩解,金融海啸横空而起,立即可见的原因就是金融界投机,并购赚快钱,金融游戏取代了实体的生意,变成大家的焦点,现在每一个人都共尝苦果!

一个知名集团企业的一位总经理私下聊天,谈及该集团的大老板因为有过一次网络新事业的投资经验,在不到3年中,获得超过20倍的投资回报,从此这位老板的价值观改变了,心中想的、嘴上说的都是一夕快速回收,让他们这些经营传统企业的总经理们痛苦不堪,因为他们赚的都是"保久、保本"的薄利,在老板眼中似乎都成为没有能力的庸才。

这种经验我也曾经有过,1995~1998年,在那个网络事业兴盛的时代,我所创办的计算机家庭网络集团,正好赶上了浪潮,公司未上市股票交易价

格曾经超过300元新台币，刚开始我不敢相信这是真的，一切就如在梦中，一直到有一次用高价卖掉一些原始股票，拿到现金之后，我知道这是真的，但我的价值观也因而改变了，在当时我心中想的也都是一夕致富发横财。

老板投机使团队也走向投机

我开始不太有耐心地经营原有的事业，这些传统行业在我努力经营下，一年所得到的营业报酬率也不过是10%左右，怎能与网络事业的点石成金相比呢？

跟那位集团企业大老板一样，我眼中看的、嘴上说的、心中想的全是快速致富发横财，而这种心态也影响了我原有的出版事业的经营。我急切地希望我的出版事业能转化为数字内容产业，再寻找点石成金的新网络经营模式，我变成"用快捷方式、抄近路、发横财"的投机者，完全忘了回归基本面、默默耕耘的创业初衷。

一直到一位核心团队成员质问我，是不是要放弃出版事业，如果我对出版事业的初衷不再，他们会选择离开，无需相互牵绊，纠缠不清！

我猛然惊醒，我的初衷未变，只不过网络事业一夕成金的经验让我心思复杂，定不下心来做辛苦的事，也影响到所有兢兢业业的团队，他们老是被人斜眼看待，前途黯淡，抬不起头来。

我知道如果老板观念不正确，对团队绝对是灾难；我知道如果老板老是想抄近路、走快捷方式，团队会逼得所有有想法、有原则的工作者离开，导致全员投机化；我更知道如果老板老是想发横财，这个公司不但发不了横财，连原本应有的稳定获利也会保不住；最后，我确定，当老板心中想的是横财，那正派经营就不存在，老板也会变成一身铜臭、面目可憎、众叛亲离的独夫。

每一个企业经营者都可以有高度的企图心，也有获利极大化的倾向，但这些都是在正常、合理的营运状况下，提升获利、控制成本的合理期待，就算老板要求团队要在"沙中挤出油来",都有其"化不可能为可能"的合理性。但这绝对与"走快捷方式、发横财"不同,因为走快捷方式,可能隐含了不合理、不合法的天方夜谭成分,而发横财更是不切实、不务本的投机心态。

老板可以有使命必达、完成不可能任务的决心,但绝不可以有用快捷方式、抄近路、发横财的投机心理。

■ 后 记

❶《财富》(Fortune)杂志的一期封面故事"把华尔街送进监牢"相信一定大快人心,只不过我们每一个人身上是不是也有华尔街投机者的因子?

❷君子务本,本立而道生,夜路走多了,"出来混的,迟早是要还的",如果创业者走了快捷方式,想想你什么时候还吧!

徒有关系也枉然——创业者关系可用,但不可依赖

"做生意靠关系?"有道理也没道理,有时合用,有时无用,创业凭本事,不凭关系,心中不可以太重视关系,更应回归基本,把核心能力做好。

念书的时候,当所有的同学都还在学习探索人生时,班上有一位同学就已经洞悉世情,非常理解人情世故,分析起事情来头头是道,在同学讨论话题时,只要这位同学开口,往往都是一针见血,道出背后的真相,他的说法常常变成大家最后的结论。他的聪明、他的智慧、他的成熟,让我钦佩不已,他也是所有同学眼中的聪明人。我私下觉得他应该是同学中未来最有前

途的人。

不过也因为他的洞悉世情，十分理解成人社会的一切，他有一个观念是当时我不能完全理解的。他认为社会中的一切，都是利益交换，所有的事物，都讲究关系，人活在世间，也都靠关系。在念书的时候，他就会带着同学，到知名教授家中走动，他告诉我们，与老师关系好，未来有机会得到老师的帮助，因此有些"礼数"是必要的，他会主动带着小礼品，作为给老师的礼物。当时我想，他实在太周到了，他想得很远，也想得很透。

毕业后，他也一直用这样的态度工作。他也做了许多事，听说他一下搭上某富豪的关系，一下又是某名人，应酬、喝酒、公关是他的强项。他逐关系而工作，工作内容的变化极大，因为做什么不重要，有关系就好做事。他也曾有一段不错的时光，不过总停在小有成就的阶段，一直没有太特殊的成果。这与我当年对他的预测颇有落差，反而其他一些当时不特殊的同学，毕业后只努力做一件事，最后也在那行业中得到大成果。

一次同学聚会，酒过三巡之后，他自承，洞悉世情、相信关系，一辈子追逐关系，限制了他的成就。

▎态度决定一生的命运

我当年的疑惑终于真相大白，从刻意和老师拉关系来看，这样的态度决定了他一生的命运。

这位同学有才气、聪明、早熟，待人处世中规中矩，但他认为，关系是一切事情成功的关键。因此他努力交朋友，援引关系，努力认识人，寻找关系，也努力营造各种往来的机会，与有权、有资源的人搭上关系，这些他都做得很好。只不过他缺乏一种本业、一种特殊的核心能力，因此就算靠关系取得了机会，他也未必能做得好。或者应该说，他认为只要做得一般就可以，因为明天这个关系未必存在；没有关系，他就未必能再做一样的事。

逐关系而活，任何事差不多就可以了，这是他一生的态度。

这个故事印证了我相信的事："态度决定一生的命运。"内心的思维、内心的价值、内心的想法，决定了每一个人的态度，态度则决定了每一个人的工作方法、工作范围、工作过程及工作结果。

相信努力做事、相信专业能力会得到认同，那一辈子就努力、营造学习专业，这是一条路；而关系只是外部变量，只是因缘际会的运气变量，可以期待，但不是唯一可以相信的事，不值得我们花一辈子的精力去追逐。

■ 后记

❶ 社交型人才（social guy）是商场常见的类型，但这种人只会有小成就，不曾看过成就大事业的。

❷ 靠关系的生意做不大，而且会一夕覆亡。

❸ "有关系就没关系，没关系就有关系。"这句话只能听听，不可相信。

花未全开月未圆——创业者的戒慎恐惧

> 创业有成是喜事，但如果忘乎所以，很容易打回原形，最好的心情是常保"花未全开月未圆"的求缺之心。

作为一个出版人，深知要写一本畅销书有多难，要成为畅销书作者更是许多人一生向往而不可得。因此当两年前我生平的第一本书出版前，我许了一个愿望：如果有幸成为畅销书作者，我要请相关的出版工作团队吃饭，以答谢他们的帮助。

没想到这个愿望，在书上市3个月后就达成。所有的同事，都催着我要请吃饭，我一方面欣然答应，但却压抑不住内心的不安。

过去每当有好事、好运出现时，我都会有莫名的不安，"福兮祸所伏"

这是我深信不疑的，因此，好事过完坏事来，我不断地给自己心理暗示：如果有坏事，那是理所当然的，我只希望坏事不要太坏，不要让自己不知所措。

但这一次的不安，尤切尤深，原因很简单，因为这是我心中向往已久的大成就，文人嫣名，我非文人，但却是标准的写作匠，要写任何文章不难，长期的记者训练，更让我不爱惜自己的文字，任何报道，顷刻而就。不过都是不值一提的时效性文字，过完今天、过完这一期，这些文字很可能与烧饼、油条为伍，"作家"是我不敢想的头衔，成为畅销书作家更是高高在上、遥不可及的事。

天理循环好坏轮替

那是一种达成愿望的失落感，更是大喜之后犹疑戒慎的危机感。面对夕阳，过去我只感受它的绚烂美丽，但现在，我却充分体会"夕阳无限好，只是近黄昏"的惆怅，就想让时间停在这一刻。我怀疑，转过身，坏运会迎面而来。

宋朝书法家蔡襄有一名句："花未全开月未圆。"我发觉这是人生最好的时刻，花未全开，但美丽已藏不住；月未全圆，但光泽普照，我们享受这种美感，但又期待下一刻的全开、全圆，那是理想的终极境界。

我最难忘的是当时书尚未出版的日子，心中有向往、有期待、有感觉，那是攀登高峰前的喜悦，就好像小时候，第二天要远足，前一夜在微笑中沉沉睡去的满足。

只不过"花未全开月未圆"时，我只急切地等候下一刻的到来，而愿望完成之后，却是失落与戒慎。因为天理循环，好坏轮替，每一个过程都只能小心谨慎。

经过这一次，我不只体会"花未全开月未圆"的不圆满之美、不完全的期待的想象，是人生最好的境界，我也体会到人在最坏的时刻，还能保持

希望与乐观的道理。

在好运、大喜之后,如果人能够戒慎,恐坏事、大悲之将至,那在坏运连连之时,我们也有理由不丧失希望,因为坏事越多,好事也就不远了,这正是天道循环的道理。

■ 后记

❶ 我的害怕有理,在《自慢——从员工到总经理的成长笔记》畅销之后,我的母亲离我而去,大悲骤至,无以自处。

❷ 创业者的戒慎之心,是常保顺境的源泉。

敬天、谨事、畏人——创业成功之后,如何持盈保泰

> 创业者在成功之后,难免自以为是,天不怕、地不怕,可能是成功商人的通病,台塑王家能成就大事业,王永在的风范值得学习。

有些事情你一辈子也忘不了,尤其这件事如果你还有过错、有遗憾,那就更会令你永远不安。

刚刚创办《商业周刊》不久,当时台塑的总经理王永在体谅年轻人创业不易,安排了一顿饭局,给我们打气。不巧我和我的创业伙伴都有要事分不开身,事先协调我们两位必须要有一位出席,但阴错阳差,我们都以为对方会到,结果我们两位主客竟然都缺席。

我在外面临时接到通知,王总枯坐在现场,主客不在,十分尴尬。我不得不尽快赶到,但已迟到了近两个小时,我一再抱歉,也于事无补。

令我惊讶的是,对这么不礼貌的行为,王永在竟然谈笑风生,毫无愠

色，宛如什么事也没发生一般。

这件事我记住一辈子，不只是记住我的抱歉，更记得王永在的风范。

王永在永远谦冲为怀、平易近人，对任何事都谨慎从事，绝不会有令人不愉快的行为，身为台湾最大的石化王国创办人，从他身上我看见了"敬天、谨事、畏人"的人生哲学。

企业界最让人诟病的就是创业时谦虚，顺境时自满，成功时自大，飞黄腾达时胡作非为，做出许多天怒人怨的事，而其挫败也就在不远矣！

自满、自大、胡作非为是企业家内心潜在的犯错因子。每一个成功的经营者都有这个因子，只是有人控制得宜，没有酿成巨祸，有人恣意任其横行，终成灾难。

自满、自大、胡作非为，会用各种形式呈现：经济罪犯王又曾随陈水扁"出访"时，撒美金让外国贫困儿童争抢，以为乐事，是无知的自满自大；而他从亚太电信搬走新台币数百亿元资金，则是胡作非为，这些都是"上帝要毁灭一个人前，必先使他疯狂"的举动。

王又曾已成罪犯，所以他的自大、自满、胡作非为我们可以看得见。但看不见的是现在光环罩顶、事业鼎盛的企业家，他们身边也随时有自大、自满的行为，但旁人都慑其锋芒，不敢评断，若有胡作非为的行为，也都被各种手段掩盖下来。表面上成功的企业家都英明神武，但因成功而丧失谦虚、谨慎，不时自大、自满，正在侵蚀企业家成功的基石，一直到王国倾颓，才真相大白。

在成功时，"敬天、谨事、畏人"是避免自大、自满，永远持盈保泰的关键。敬天是态度，拥有再大的财富，也敌不过岁月、环境、当局，对此我们都要心存敬畏、小心应对。处理生意，谨慎从事，不放过小事，这是谨事。畏人则是尊敬、谦冲、不得罪任何人，有理时雍容大度，与人为善；无理时自我检讨，及时抱歉，宁多交一个朋友，不树立一个敌人，终将得道多助。

成功是长期的修为，得来不易。压抑内心的骄气，成功的人要"敬天、谨事、畏人"才能持盈保泰！

■ 后 记

❶ 有人花 10 年创业成功，却花两年把事业玩完，自大是凶手。

❷ 在一个行业成功，有了钱之后，大手笔扩张，以为自己是天才，商场太多这种剧情。

❸ 成功要想持盈保泰，谦虚、害怕是良方。

金钱是什么？——创业成功之后对财富的认知

创业最基本的目标是财富，但有了财富之后，你会发觉财富有不一样的意义。

金钱是什么？对大多数人来说，这像个白痴的问题，答案太简单了：

金钱可以买豪华轿车，最舒适、最安全、最高档的品牌。

金钱可以吃大餐，最高雅的气氛、最豪华的食材、无限想象的贴心服务。

金钱可以去旅行，顶级的饭店旅馆，甚至城堡，就像 18 世纪的皇家贵族一般，奢华到无法想象。

金钱也可以改变社交活动，你往来的朋友，可以从市井小民、亲戚、同学，变成社会名流、政治人物、豪门大户、知名巨星，让你也好像他们一般。

金钱还能让你变成知名人物，有钱了可以变成媒体的焦点，只要经过一两次金钱的火力展示，全社会都会为你的财富惊叹，所有人都会认识你。

可是金钱是什么，也会变成一个永远无解的哲学问题。当你拥有上面的诸多答案之后，有华车、有豪宅，可以随心所欲，跻身上流社会，被人人称羡时，金钱是什么呢？金钱是维持这种奢华生活的门票，这是最简单的回答，要不断地、持续地拥有金钱，你才能不断地、持续地过这样的日子，过这样的生活。

当然，金钱可以稍有不一样的使用方法，买名画、玩古董、搞艺术、听歌剧，但这也只是创造另一种奢华，更何况，在真正的艺术眼光中，有钱人大多只是凯子，用财富来附庸风雅而已。

金钱的负面价值

要持续积极地、正面地回答"金钱是什么"这个问题，绝对是无解的哲学问题；但对大多数有钱人来说，反面的回答，恐怕比较具体现实。以下就是常见的例子。

金钱会让人子孙反目、兄弟阋墙，太多的故事告诉我们，金钱会让亲情变质、水火不容，如果有钱人不善加处理，日后绝对是社会上的大笑话。

金钱也会让人像通缉犯一般，面对媒体时拿报纸遮脸，躲躲闪闪，一副见不得人的样子。

金钱还会让人变成狗仔队的猎杀对象，身边随时都有摄影机，远处都有长镜头，任何不雅的言行，很可能第二天就成为全社会茶余饭后的题材。金钱让你处在"楚门的世界"中。

金钱还会让你变成绑架对象，你会丧失自由，活在保镖的世界中。

金钱还会让你铜臭味十足，三句不离钱，三句不离财富；更会让你成为势利眼，一切事情用钱来衡量，变成一个十足的守财奴。

还有，金钱可以让你买到名气，所有的人认识你，但不见得是好的名声；如果有机会对有钱人做一次知名度形象调查，许多金钱来路不明的人，

他们的名誉恐怕不会比当年"白晓燕案"① 的主犯陈进兴好多少。

金钱也肯定买不到尊敬,因为尊敬是来自于对品德、学识、道德情操与社会贡献的投射,而金钱并不与这些事情画上等号。

金钱肯定也买不到健康,即使赚得了全世界,但输掉了健康,值得吗?有关金钱价值的正面描述,几乎是人尽皆知,但是有关金钱的反面描述,则不见得是所有的有钱人都想得清楚的。

有一次,一个有钱的第二代正深为家族的朱门恩怨所苦,不禁感叹,兄弟之间为何会反目成仇若此。我描述了一下社会大众的心情:"你含着金汤匙出世,一生荣华富贵,有钱有势,要什么有什么,如果还一家和乐,亲情温暖,那小老百姓心中怎么能平呢?兄友弟恭,一家和乐,是小老百姓的权利,有钱人不容易拥有,这世界才公平!"有钱的人应多想一想金钱的负面价值,才不至于铜臭满身,面目可憎。

■ **后记**

这篇或许多余,因为大多数创业者离这个境界很远,但先想一想无妨。

---

① 白晓燕案:1997 年 4 月 14 日,台湾著名艺人白冰冰 15 岁的女儿白晓燕上学途中被陈进兴等歹徒绑架并撕票。——编者注

Part 4

最后的告诫

创业是一条精彩的人生道路,
高潮起伏,快意恩仇,让人不虚此生。
但创业也有许多魔鬼,藏在风光亮丽的背后,
我不想告诉你,但不能不说……

不想告诉你的真相

> 创业这条路，只有极少数人会成功。

一个年轻人问我，创业该注意些什么？我问他："你想知道什么？"他说，他正徘徊在创业与不创业的边缘，取决不下，想听听我的意见。我回答他："这种状况，是我最不该说话的时候，因为听完我的意见，十个有九个都会打退堂鼓，从此断绝创业的想法，因此这时候最好别问我，我有一些不想告诉你的真相。"

我不想让这些真相，彻底摧毁年轻人创业的梦想，而创业又是每一个社会进步及更新的动力，缺乏创业动能的社会，沉闷、无趣而且死气沉沉！

有关创业的"不想告诉你的真相"是什么呢？这包括两部分：第一部分是，在所有想创业的人之中，只有10%的人，在性格上适合创业；第二部分则是，所有付诸行动创业的人，只有1%的人会成功。

▍你愿意享受冒险的乐趣吗？

这两个真相的真正含义是：绝大多数的人不适合创业，而创业成功的几率又低到你不能想象。所以所有想创业及真正投入创业的人都像呆子一般，要有愚公移山的精神与傻劲。

这个真相中的两个数据：10%与1%，完全没有任何科学依据，乃是根据我几十年来自己不断投入创业及自己经营企业与观察、采访台湾企业运营实况，所得到的个人结论，是我个人的直觉判断，但对我而言，这两个数字所隐含的意义，对我思考创业及经营企业，弥足珍贵，而且极具参考价值。

以只有10%的人适合创业而言，我真的看到大多数的创业者具有不能

创业的性格与基因。像前面所提的年轻人，会反复问自己、问别人该不该创业，基本上，在性格上他就是不适合创业的人。适合创业的人，会一头栽进去，不会犹豫不决。他们是用热情、梦想及感性做事，而不是理性分析。

这些天生适合创业的人，就算他们来问我创业的事，也是问如何创业，而不是该不该创业，而且他们眼中闪烁着希望的光芒，我知道他们心中没有任何怀疑。

大多数人不适合创业的原因，还有一个承担风险的因素。大多数人不喜欢冒险，视危险为畏途，可是创业却是以风险为前提，没有风险的创业，根本不值得投入，因为报酬极低。高风险、高回报，吸引所有的冒险家义无反顾、争相投入。

因此，不妨问问自己：你是个冒险家吗？不只是冒险家，还要是个超级冒险家，那你才是个适合创业的人。这些人未必在实体世界中有上山下海的冒险，但他们面临风险时，却有异于常人的镇定和感受，他们不但不怕危险，反而还享受冒险的乐趣。这种情境，相信90%的人都不会如此自虐，换句话说，9/10的人都不适合创业。

我知道性格上适合创业的人是上帝的选民。而你如果误闯创业的丛林，代表你要与上天为敌，你要彻底改造自己的性格，才有机会成功。

知道这个真相之后，还有人要创业吗？

延伸阅读

编辑的话 亲爱的读者，感谢您选择了这本书。如果没有您，这凝聚了作者与编辑心血的作品，就太寂寞了。

台湾经管类畅销书第一名
风靡台港澳及海外华人企业的团购图书
上班族传阅率最高的职场励志杰作

《自慢——从员工到总经理的成长笔记》

作者：何飞鹏　定价：32.00元　ISBN：978-7-301-14002-4

被《第一财经日报》、搜狐网、《达观》杂志评为"2008十大商业图书"
入选《CIO》杂志"2008年度十大书籍"
著名企业家冯仑、牛根生、王石隆重推荐

这是一本少有的以工作为主题，却能让上班族广泛传阅的杰作，总会有小员工不辞劳苦地在网络上转发，也会有大老板交代下属大量复印，让员工仔细阅读。

何飞鹏，台湾最大出版集团城邦CEO，循着正常的求学、工作路径，由一个默默无闻的小职员做起，到设立几十家公司，创办50多种杂志……从员工到老板，从暗无天日的亏损到拨云见日，最终，在媒体领域获得了极大的成功，本书就是他从员工做到老板的成长心得。

真实的职场体验、鲜活的案例、细致的道理，会令职场新人受益匪浅，找到安身立命的本事；工作多年的职场人士亦能自我解惑，为什么同样的领域、同样的工作年份，不同的人会收获不同的成果与回报，深刻理解获得成功必须具备的工作态度与处世准则。

《谋生——王志纲纵论人生之道》

20,30,40——你将怎样走过这三个十年？

不管经济起落，无论禀赋高低，谁都逃不开"谋生"这个话题！谋生，就是谋求生计，策划生活。或者说，谋生是对人生的设计。站在眼下看未来是展望；站在未来想眼下才是设计。

中国顶尖战略策划师王志纲先生，站在战略的高度谋划人生，纵横捭阖，笔走龙蛇，他将对世界格局、中国走向的分析和对人生细腻高扬的体悟结合起来，写就了一部不同寻常的"谋生之道"。王志纲历经万端事，阅人无数，他的这部独特的作品，是一位智者对少年的忠告、对青年的鼓舞和对中年的规诫。值得每一位在谋生路上辛苦跋涉的读者细细品读。

这是父母送给迷惘中的孩子最好的礼物；
是父母检阅自己的温暖导读；
是企业家送给与你甘苦与共的员工的贴心关怀。

作者：王志纲　　定价：28.00元　　ISBN：978-7-301-14858-7

《精彩一跳》

国内首部成功跳槽全程策划书

跳槽只有两种结果：要么跳对了，要么跳砸了。前者让你的职业生涯插上翅膀，后者让你的积累减少、归零，甚至成为负数。

资深人力资源专家将跳槽的五个阶段深入解析，辅之以大量的真实跳槽事例分析，对一次成功的跳槽行为作出了全程策划：

哪些情况是非跳不可的，哪些是一定不能跳的，在赌博式的跳槽中，哪些因素可以帮助你作出下一步的决策；如何评估新东家和新职位的价值，跳槽前如何了解新东家的客观面貌，如何评估自己与新职位的融合度，如何与新东家进行薪酬、待遇、未来空间等重要话题的谈判；如何避免与老东家翻脸；到了新的岗位如何度过微妙敏感的磨合期……

准备跳槽？正在跳槽？刚刚跳槽？
翻开这本书，一切都来得及

作者：汤梦娟　　定价：29.00元　　ISBN：978-7-301-15853-1

《猎头局中局》

中国第一部猎头商战小说

兄弟情谊、商战阴谋、企业对决、情爱悲欢……
职场如局，人如棋子，谁是执子之手？

创业失败的萧东楼转身投入猎头行业，却发现这个人精扎堆的地方更为险恶：一方面要面对激烈的同行竞争，另一方面直接上司马胖子对他戒备重重，给了他最差的团队，还故意把死单交给他让他投入精力。董事长虽然对萧东楼青眼有加，但似乎对马胖子的龌龊手段心知肚明却无能为力。萧东楼奋力拼杀，用了冒险一招，成功将死单做活。只是他没有想到，他由此埋下后患，公司内外冲突加剧，有猎头公司向他挖墙脚，他更没有想到挖墙脚的背后居然是自己上司的安排……

本书情节跌宕，精彩纷呈。作者深刻地反思国内人力资源和猎头行业，频发洞见，对专业的人力资源人士有相当的参考价值，对于职业经理人、普通求职者更是提供了提高鉴别判断力的指南针和瞄准镜。

作者：萧东楼　定价：29.80元　ISBN：978-7-301-14288-2

《猎头局中局Ⅱ》

猎头顾问、HR从业者、书友组成三大方阵倾情力荐

猎头的眼睛能看到最深的职场真相，能发现最高的职场智慧
绝无仅有的猎头X档案，披露中国猎头职业传奇

本书是《猎头局中局》的第二部，也是终结篇。随着情节深入，商战升级，人物命运一波三折。之前只露出一角的冰山渐渐显出了全貌，隐约的线索牵出了出人意料的底牌，颠覆了读者的惯性猜想。

作者在书中总结的人力资源"七种秘密武器"不仅是猎头和HR的工作技巧，更是普通职场人士的生存智慧。作者对普通人的职场变局阐发了独到而深刻的感悟，人力资源从业者和职场人士都会从中受益良多。

作者：萧东楼　定价：32.00元　ISBN：978-7-301-15778-7

博雅故事

我们是博雅光华,作为北大出版的一个子品牌,我们专注于管理培训图书的出版,为中国企业提供性价比最高的培训产品。我们立足本土原创管理佳作,诚意打造培训类图书第一品牌。依据对中国企业培训需求的研究,结合培训界与学术界的研究成果,根据企业不同层级的培训对象和需求,我们架构出中国企业培训书架,满足高层参考、中层管理、基层培训要求,提供战略、营销、人力资源、财务、行政、销售、岗位技能等一系列图书。

更多好书,尽在掌握

大宗购买、咨询各地图书销售点等事宜,请拨打销售服务热线:010-82894446
媒体合作、电子出版、咨询作者培训等事宜,请拨打市场服务热线:010-82893505
推荐稿件、投稿,请拨打策划服务热线:010-82893507,82894830
欲了解新书信息,第一时间参与图书评论,请登录网站:http://www.boyabooks.com.cn/